Alguns elogios a
As conversas que nunca tive com a minha mãe

Um dos livros mais esperados do ano,
segundo *Publishers Weekly*, *BuzzFeed*,
The Rumpus, *Literary Hub* e *The Week*

"Um conjunto fascinante de reflexões sobre como é ser filho ou filha... A variedade de histórias e os estilos representados nesta coletânea tornam a leitura rica e estimulante."

Publishers Weekly

"São histórias difíceis de contar, mas, aqui, elas estão contadas de maneira digna. Você vai devorar estes relatos bem escritos, e fundamentais, sobre sinceridade, dor e resiliência."

Elizabeth Gilbert
Autora de *Comer, rezar, amar*

"Os ensaios desta antologia abordam a relação dos escritores com suas mães em estilos que alternam entre o tom cru, o terno, o ousado e o sensato. Parabéns a Michele Filgate por esta instigante contribuição para uma conversa essencial."

Claire Messud
Autora de *The Burning Girl* [A garota apaixonada]

"Esta coletânea de relatos sobre mães e silêncios vai partir o seu coração e depois, delicadamente, o devolverá reconstruído com aquilo que carregamos dentro de nós a vida inteira."

Lidia Yuknavitch
Autora de *The Misfit's Manifesto* [O manifesto dos desajustados]

"Esta é uma coletânea rara que tem o poder de interromper silêncios. Estou impressionado com os talentos que Filgate reuniu aqui; cada um dos quinze escritores pesos-pesados oferece um argumento realmente profundo sobre a importância das palavras e por que as não ditas são ainda mais importantes."

Garrard Conley
Autor de *Boy erased: uma verdade anulada*

"Quinze luminares da literatura, incluindo a própria Filgate, analisam como o silêncio nunca é remotamente vantajoso até que dele sejam extraídas as assustadoras verdades que se escondem por trás de nossas relações mais primais – com nossas mães. Desconcertantes, corajosos, às vezes hilários ou arrasadores a ponto de nos emocionar, estes ensaios sobre o amor, ou a terrível falta dele, não apenas subvertem a lei do silêncio como deixam a luz entrar e confirmam, com elegância, inteligência e de modo tão deslumbrante que você não esquecerá o que está escrito."

Caroline Leavitt

Autora de *Is This Tomorrow* [É esse o futuro?]
e *Pictures of You* [Retratos de você]

"Quem melhor para discutir uma das coisas mais surreais que todos nós temos em comum, que é o fato de sermos irremediavelmente filhos de alguém, para o bem ou para o mal, do que esta lista de escritores de primeira linha? As mães desta coletânea são terríveis, maravilhosas, imperfeitas, humanas, trágicas, vitoriosas, complexas, simples, desconcertantes, compreensivas, perturbadas, emotivas e frustradas. Às vezes, tudo isso ao mesmo tempo. Vou ficar com este livro na cabeça por muito tempo, refletindo sobre ele e dando aulas usando-o como texto-base."

Rebecca Makkai

Autora de *Os otimistas*

as conversas que nunca tive com a minha mãe

as conversas que nunca tive com a minha mãe

Michele Filgate (org.)

histórias reais

TRADUÇÃO DE Débora Chaves

VESTÍGIO

Título original: *What My Mother and I Don't Talk About: Fifteen Writers Break the Silence*

Publicado mediante acordo com a editora original, Simon & Schuster, Inc.

DIREÇÃO EDITORIAL
Arnaud Vin

EDITORA RESPONSÁVEL
Bia Nunes de Sousa

PREPARAÇÃO DE TEXTO
Barbara Parente

REVISÃO
Claudia Vilas Gomes
Julia Sousa

CAPA E PROJETO GRÁFICO
Diogo Droschi

DIAGRAMAÇÃO
Christiane Morais de Oliveira
Guilherme Fagundes

Dados Internacionais de Catalogação na Publicação (CIP)
Câmara Brasileira do Livro, SP, Brasil

As conversas que nunca tive com a minha mãe : histórias reais / organização Michele Filgate ; tradução Débora Chaves. -- 1. ed. -- São Paulo : Vestígio, 2023.

Vários autores.
Título original: What My Mother and I Don't Talk About: Fifteen Writers Break the Silence.
ISBN 978-65-86551-99-0

1. Família - Relacionamentos 2. Filhos - Narrativas pessoais 3. Experiências de vida 4. Mães e filhos - Relacionamento 5. Parentalidade I. Filgate, Michele.

23-147788 CDD-649.1

Índices para catálogo sistemático:
1. Filhos : Vida familiar : Relatos pessoais 649.1

Tábata Alves da Silva - Bibliotecária - CRB-8/9253-0

A **VESTÍGIO** É UMA EDITORA DO **GRUPO AUTÊNTICA**

São Paulo
Av. Paulista, 2.073 . Conjunto Nacional
Horsa I . Sala 309 . Bela Vista
01311-940 . São Paulo . SP
Tel.: (55 11) 3034 4468

Belo Horizonte
Rua Carlos Turner, 420
Silveira . 31140-520
Belo Horizonte . MG
Tel.: (55 31) 3465 4500

www.editoravestigio.com.br
SAC: atendimentoleitor@grupoautentica.com.br

Para Mimo e Nana.

“Porque é uma baita pena jamais dizer o que se sente...”

– Virginia Woolf, *Mrs. Dalloway*

Introdução
por Michele Filgate 13

As conversas que nunca tive com a minha mãe
por Michele Filgate 18

O tutor da minha mãe
por Cathi Hanauer 26

Tesmofórias
por Melissa Febos 44

Xanadu
por Alexander Chee 63

Alameda Minetta, 16
por Dylan Landis 75

Quinze anos
por Bernice L. McFadden 98

Nada fica sem ser dito
por Julianna Baggott 106

A mesma história sobre a minha mãe
por Lynn Steger Strong 114

Enquanto tudo isso me parece americano
por Kiese Laymon 121

Língua materna
por Carmen Maria Machado 127

Você está me ouvindo?
por André Aciman 135

Irmão, você pode me dar um trocado?
por Sari Botton 146

Seu corpo/Meu corpo
por Nayomi Munaweera 155

Tudo sobre a minha mãe
por Brandon Taylor 175

Conheci o medo no alto da colina
por Leslie Jamison 187

Agradecimentos 215

Sobre os autores e as autoras 217

Introdução

por Michele Filgate

No primeiro dia frio de novembro, quando a friagem me obrigou a aceitar o fato de que estava na hora de tirar meu casaco de inverno do guarda-roupa, senti vontade de comer algo quente e saboroso. Parei no açougue do bairro, no Brooklyn, e comprei duzentos gramas de bacon e um quilo e meio de acém.

Em casa, lavei e fatiei os cogumelos, retirando todos os talos, e senti uma certa satisfação ao ver a água suja de terra escorrendo ralo abaixo. Coloquei para tocar uma música natalina, embora o Dia de Ação de Graças, no final deste mês, ainda estivesse distante. Meu miniapartamento se expandiu com o aroma reconfortante de cebolas, cenouras, alho picado e gordura de bacon dourando no fogão.

Preparar o *boeuf bourguignon* de Ina Garten é minha maneira de me lembrar de minha mãe. Mexendo o ensopado perfumado eu me transporto de volta para a cozinha da minha infância, onde minha mãe passava a maior parte da vida quando não estava no trabalho. Nas festas de fim de ano, ela assava biscoitos de sementes de papoula com recheio de geleia de framboesa, ou amanteigados com pasta de amendoim, e eu ajudava no preparo da massa.

Sinto sua presença enquanto preparo a comida. Não consigo cozinhar sem pensar nela, porque a cozinha é o lugar onde ela fica mais à vontade. O simples ato de colocar o caldo de carne e o tomilho fresco na panela me tranquiliza. Se usarmos os ingredientes certos e seguirmos as instruções, o resultado sempre vai agradar o paladar. Ainda assim, no fim da noite, sinto uma pontada incômoda no estômago, embora tenha comido o suficiente.

Eu e minha mãe não conversamos com frequência. Seguir uma receita é um compromisso que eu assumo comigo mesma e realizo com facilidade. Já conversar com minha mãe não é tão simples, muito menos escrever o ensaio para este livro.

Levei doze anos para redigir o texto que dá início a esta coletânea. Eu estava na graduação, na Universidade de New Hampshire, quando comecei a escrever *As conversas que nunca tive com a minha mãe*, impressionada com a inspiradora coleção de ensaios de Jo Ann Beard, *The Boys of My Youth* [Os garotos da minha juventude]. A leitura daquele livro me mostrou o que um ensaio pessoal pode realmente ser: um lugar onde o escritor tem condições de reivindicar o controle da própria história. Na época, eu sentia muita raiva de meu padrasto violento e vivia atormentada por memórias ainda muito recentes. A sombra dele era tão intimidadora em minha casa que eu só pensava em desaparecer dali até que, finalmente, consegui.

Na época, não percebi que o ensaio não era *de fato* sobre o meu padrasto. A realidade era muito mais complicada e difícil de encarar. Levei anos para enfrentar e assumir as duras verdades por trás de meu ensaio. O que eu queria (e precisava) abordar na minha escrita era a relação fragmentada com a minha mãe.

A plataforma on-line Longreads publicou o meu ensaio em outubro de 2017, logo depois da história de Weinstein ser divulgada e o movimento #MeToo estourar. Foi o momento perfeito para romper meu silêncio, mas, ainda assim, eu me levantei cedo na manhã em que ele foi publicado, na casa de um amigo em Sausalito, depois de uma noite insone por conta da ansiedade de ter colocado no mundo um texto de conteúdo tão sensível. O sol estava nascendo quando me sentei na varanda externa e abri o laptop. O ar estava denso por conta da fumaça das queimadas nas proximidades. Cinzas caíam sobre o teclado. A sensação era de que o mundo inteiro estava em chamas. Parecia que eu tinha colocado a minha própria vida na fogueira. Conviver com o sofrimento provocado pela tensa relação com a minha mãe é uma coisa. Imortalizá-la em palavras é outra completamente diferente.

Há algo profundamente solitário em confessar a própria verdade. A questão é que eu não estava tão sozinha assim. Nem que seja por um breve instante, todo ser humano tem uma mãe. A conexão mãe-filho é complicada. Mesmo assim, vivemos numa sociedade que criou um dia comemorativo que pressupõe que essa é uma relação feliz. Todo ano, quando o Dia das Mães se aproxima, eu me preparo para o massacre de postagens do Facebook em homenagem às mulheres fortes e amorosas que inspiraram seus filhos. Fico sempre feliz em ver mães sendo homenageadas, mas uma parte de mim também fica triste. Nesse dia, muitas pessoas são lembradas do que está faltando em sua vida. Pode ser o luto pela perda precoce da mãe, ou pelo fato de nunca a ter conhecido, ou ainda pela aceitação de que suas mães, embora vivas, não sabem ser maternais.

As mães são idealizadas como protetoras, como alguém que cuida, se doa e constrói uma pessoa em vez de destruí-la. Mas poucos de nós podem dizer que suas mães se enquadram em todas essas características. De muitas maneiras, as mães estão fadadas ao fracasso. "Talvez exista um abismo para todos nós, no qual a mãe que temos não combina com a figura da 'mãe' que idealizamos e com tudo que acreditamos que ela deveria nos dar", escreve Lynn Steger Strong aqui neste livro.

Essa lacuna pode ser uma experiência normal e necessária da realidade à medida que crescemos e pode também ter um efeito duradouro. Da mesma forma que todo ser humano tem uma mãe, compartilhamos o instinto de evitar a dor a todo custo. Tentamos enterrá-la bem fundo dentro de nós até que não mais a sintamos, até mesmo esquecendo que ela existe. É assim que sobrevivemos. Mas essa não é a *única* maneira.

Existe um alívio em romper o silêncio. Além de ser uma maneira de amadurecer. Admitir o que por tanto tempo não conseguimos dizer, por qualquer razão, é uma forma de resgatar nossos relacionamentos com os outros e, talvez o mais importante, conosco.

Mas fazer isso em grupo é muito mais fácil do que se levantar sozinha num palco.

Embora parte dos catorze escritores e escritoras presentes neste livro tenha relações distantes com suas mães, outros são muito ligados a elas. Segundo Leslie Jamison, "falar sobre o amor dela por mim, ou do meu por ela, seria algo quase tautológico, pois ela sempre definiu minha noção do que é o amor". Leslie tenta entender quem foi a mãe antes de ter filhos por meio da leitura de um livro não publicado escrito pelo ex-marido dela. No hilário ensaio de Cathi Hanauer, ela finalmente consegue conversar com a mãe sem ser interrompida por seu adorável, porém dominador, pai. Dylan Landis especula se a amizade entre a mãe e o pintor Haywood "Bill" Rivers vai além do que ela admitia. André Aciman escreve sobre como foi ter uma mãe surda. Melissa Febos usa a mitologia como uma lente para analisar a relação próxima que tem com a mãe, que é psicoterapeuta. Já Julianna Baggott fala sobre como é ter uma mãe que faz confidências de *tudo*. Sari Botton conta que a mãe virou uma espécie de "traidora de classe" depois que sua situação econômica mudou e explica como o ato de dar e receber se tornou uma complicação entre elas.

Este livro também desfia um fluxo pesado de sofrimento. Brandon Taylor escreve com impressionante delicadeza sobre a mãe que o agrediu em termos físicos e verbais. Nayomi Munaweera conta como é crescer num lar caótico, permeado por questões de imigração, doença mental e violência doméstica. Carmen Maria Machado analisa sua ambivalência sobre a maternidade estar ligada à relação distante que mantém com a mãe. Alexander Chee aborda a equivocada responsabilidade que ele sentia de eximir a mãe do abuso sexual que sofrera na infância. Kiese Laymon explica à mãe por que ele escreveu suas memórias para ela: "Sei que, depois de terminar este projeto, o problema deste país não é que fracassamos em 'conviver' com pessoas, políticos e partidos com os quais discordamos. O problema é que somos péssimos em amar pessoas, lugares e políticos que pretendíamos amar. Peguei *Pesado* com você porque queria que melhorássemos no quesito amor".

Por fim, Bernice L. McFadden escreve sobre como falsas acusações podem se perpetuar nas famílias por décadas.

Minha esperança é que este livro funcione como uma referência para qualquer pessoa que algum dia tenha se sentido incapaz de dizer a sua verdade, ou a verdade de sua mãe. Quanto mais admitimos o que não podemos, o que não faremos ou o que não sabemos, mais conseguimos entender uns aos outros.

Tenho saudades da mãe que tive antes de ela conhecer meu padrasto, mas também da mãe que ela ainda era mesmo depois de ter se casado com ele. Às vezes, imagino como seria dar este livro a ela. Presenteá-la com este objeto valioso que preparei pensando nela, e dizer: "Aqui está tudo o que nos impede de realmente conversar. Aqui está o meu coração. Aqui estão as minhas palavras. Escrevi isto para você".

As conversas que nunca tive com a minha mãe

por Michele Filgate

Lacuna: espaço ou intervalo não preenchido, vazio.

Nossas mães são nossa primeira referência e é por isso que estamos sempre tentando voltar para elas. Para saber como era fazer parte de um lugar. Onde nos encaixamos.

Minha mãe é uma pessoa difícil de decifrar. Pode-se dizer que eu a conheço e, ao mesmo tempo, que não a conheço. Consigo visualizar o cabelo comprido meio grisalho, meio castanho que ela resiste a cortar, e o copo com vodca e gelo numa das mãos. Mas, se tento relembrar seu rosto, encontro uma risada forçada, típica de quem está tentando provar alguma coisa, em geral uma felicidade falsa.

Várias vezes por semana, ela posta fotos apetitosas de comida em seu perfil do Facebook. Tacos de carne de porco com urucum e picles de cebola-roxa, tiras de carne-seca recém-defumadas, fatias de filé com legumes cozidos no vapor. Essas são as refeições da minha infância – um tanto ousadas, mas práticas. A questão é que, para mim, esses pratos me fazem lembrar de meu padrasto: da vermelhidão de seu rosto, do vermelho do sangue da carne em seu prato, dele usando o pano de prato para secar o suor das bochechas, e de suas botas de trabalho cobertas de serragem. As palavras dele me ferem, como se fossem os dentes de um garfo cravados em um balão meio vazio.

"É você que está causando problemas em meu casamento", diz ele. "Filha da puta", ele acrescenta. "Vou acabar com sua raça", ele completa. Tenho medo de que ele faça o que diz. Tenho medo de que ele pressione seu corpo sobre o meu até o colchão ceder e me engolir inteira. Agora minha mãe usa todas as suas habilidades culinárias para agradar o marido. Agora ela faz comida para ele na casa do sítio e no apartamento da cidade. Agora minha mãe já não cozinha para mim.

Meu quarto de adolescente é coberto de pôsteres da revista *Teen Beat* e de fotos desbotadas de Leonardo DiCaprio e Jakob Dylan. Bolas de pelo de cachorro entram flutuando pela janela da frente junto com a brisa da manhã. Não importa quantas vezes minha mãe passe o aspirador, os pelos se multiplicam.

Minha escrivaninha está coberta de livros didáticos, cartas inacabadas, canetas sem tampa, marcadores de texto já secos e tocos de lápis. Escrevo sentada no chão de madeira, as costas apoiadas nos puxadores vermelhos e duros da cômoda. Não é confortável, mas a pressão constante dos incômodos puxadores de alguma forma me ajuda a ter foco.

Escrevo poemas sofríveis que, num arroubo de vaidade juvenil, considero brilhantes. Poemas sobre tristezas, sobre sentir-se incompreendida e sobre estar inspirada. Imprimo os poemas num papel com uma cena de praia e o pôr do sol ao fundo e batizo a coletânea de *Neve de verão*.

Enquanto escrevo, meu padrasto se senta na escrivaninha que fica ao lado do meu quarto. Ele está escrevendo no laptop, mas toda vez que sua cadeira range ou quando ele faz qualquer tipo de movimento, o medo pressiona o meu estômago e sobe até apertar minha garganta. Mantenho a porta fechada, mas isso é inútil, já que não tenho autorização para trancá-la à chave.

Logo após ter se casado com minha mãe, ele fez um porta-joias simples para mim que fica em cima da minha cômoda. A madeira é lisa e brilhante. Sem sulcos ou ranhuras. Guardo ali colares quebrados e pulseiras de mau gosto. Coisas que quero esquecer.

Assim como aquelas bugigangas no porta-joias, posso brincar de existir e não existir em meu quarto. É o lugar onde posso ser eu mesma e deixar de ser. Desapareço nos livros como se eles fossem buracos negros. Quando não consigo me concentrar, fico horas deitada na cama de baixo do beliche, esperando meu namorado me ligar e me salvar de meus próprios pensamentos. Esperando me salvar do marido de minha mãe. Mas o telefone não toca. O silêncio me fere. Fico cada vez mais mal-humorada. Encolho dentro de mim mesma, acumulando melancolia, ansiedade e fantasia.

– Quais são as duas coisas que fazem o mundo girar?

Meu padrasto repete sua pergunta-padrão. Estamos no porão, no ateliê de marcenaria, e ele está usando botas, uma calça jeans velha e uma camiseta surrada. Ele cheira a uísque.

Sei qual é a resposta. Sei, mas não quero responder. Ele está me olhando, impaciente, os olhos semicerrados envoltos pela pele enrugada, o bafo quente de bebida soprando na minha cara.

– Sexo e dinheiro – resmungo. As palavras parecem carvão em brasa na minha boca, pesadas e envergonhadas.

– É isso aí – ele diz. – Agora, se você for boazinha comigo, muito boazinha mesmo, talvez eu a coloque naquela escola que você quer ir.

Ele sabe que meu sonho é estudar artes cênicas na SUNY Purchase. Quando estou no palco, eu me transformo e me transporto para uma vida que não é minha. Eu me transformo em alguém com problemas ainda maiores, só que problemas que podem ser resolvidos até o final da noite.

Quero sair do porão, mas não posso simplesmente ir embora. Não tenho permissão para isso.

A lâmpada pendurada no fio elétrico me faz sentir como uma personagem em um filme *noir*. O ar é mais frio e pesado aqui embaixo. Lembro-me de um ano antes, quando ele estacionou sua picape na frente do mar e colocou a mão na parte interna da minha coxa, me testando, vendo até onde ele poderia ir. Insisti que ele me levasse para casa. Ele não fez o caminho de volta, pelo menos não por uma longa e excruciante meia hora. Quando contei à minha mãe o que ele tinha feito, ela não acreditou em mim.

Agora ele está encostado atrás em mim, com os braços ao meu redor, me agarrando. Os dentes do garfo voltam a cravar no balão, desta vez deixando todo o ar sair. Ele fala baixinho em meu ouvido.

– Isso é só entre você e eu. Nada de contar à sua mãe, entendeu?

Não entendo. Ele belisca a minha bunda. Está me abraçando de uma forma que os padrastos não devem abraçar suas enteadas. Suas mãos são como vermes, e meu corpo é a terra.

Eu me solto dele e corro escada acima. Mamãe está na cozinha. Ela está sempre na cozinha.

– Seu marido apertou minha bunda – falo de uma só vez.

Sem dizer nada, ela coloca na bancada a colher de pau que estava usando para mexer a comida na panela e desce até o porão. A colher está manchada de vermelho do molho do espaguete.

Depois, ela vai ao meu quarto e me encontra enrolada em posição fetal.

– Não se preocupe – ela diz. – Ele só estava brincando com você.

Uma tarde, alguns anos antes, desci do ônibus escolar e comecei a caminhada do fim do meu quarteirão até minha casa, algo que me deixa sempre tensa. Se a picape vermelho-tomate do meu padrasto estiver na entrada da garagem, isso significa que vou ficar sozinha com ele em casa. Mas hoje a frente da casa está livre. Estou sozinha. Deliciosamente sozinha. No balcão da cozinha, um bolo de café feito por minha mãe. O açúcar mascavo esfarelado na cobertura me fez salivar. Cortei um pedaço e devorei em poucas bocadas. Minha língua começou a pinicar, o primeiro sinal de uma reação anafilática. Estou acostumada. Sei o que devo fazer: tomar Benadryl líquido imediatamente e deixar o xarope sabor cereja envolver minha língua enquanto ela incha como um baiacu, bloqueando minha respiração. Minha garganta começa a fechar.

Mas só encontro Benadryl em pílulas. Elas demoram um pouco mais a dissolver. Engulo as pílulas e vomito em seguida. Minha respiração só vem em espasmos. Corro para o telefone bege na parede. Disco o número da emergência. Os minutos que os paramédicos levam para chegar são tão longos quanto os meus 13 anos na Terra.

Olho no espelho meu rosto molhado de lágrimas, tentando parar de chorar porque isso dificulta ainda mais a respiração. As lágrimas não param.

Na ambulância a caminho do pronto-socorro, eles me dão um ursinho de pelúcia. Eu o seguro apertado, como se fosse um bebê recém-nascido.

Mais tarde, minha mãe empurra a cortina e se aproxima da minha cama no hospital. Seu semblante está carregado e aliviado ao mesmo tempo. "Tinha nozes moídas na cobertura do bolo. Fiz para uma colega de trabalho", ela diz e olha para o ursinho ainda em meus braços. "Esqueci de deixar um bilhete para você."

Estudei em escolas católicas tempo suficiente para saber o que significa varrer as coisas para debaixo do tapete. Minha família é boa nisso, até não precisar mais se esconder. Muitas vezes nossos segredos ficam parcialmente visíveis. É fácil tropeçar neles.

O silêncio na igreja nem sempre é tranquilo. Ele fica mais dissonante quando qualquer barulhinho, uma tosse abafada ou um joelho estalando, ecoa pelo templo. Ninguém consegue ficar à vontade ali. É preciso remover as próprias entranhas, virar-se do avesso, como uma casca vazia.

Na escola, sou o oposto. Sou muito eu mesma porque o excesso é uma forma de dizer: *Ainda estou aqui. O meu eu, não o eu que ele quer que eu seja*. Qualquer coisa pode me tirar do sério. Abandono a aula de biologia várias vezes por semana e minha professora me acompanha até o banheiro feminino e fica passando na minha bochecha lenços de papel que mais parecem uma lixa. Vou para a enfermaria sempre que não consigo ficar na sala de aula, com outras pessoas.

É assim que o silêncio se parece quando ele fica irritado. Especialmente quando eu, num arroubo de coragem, reajo e grito: *Você NÃO é o meu pai*.

Parece um ovo quebrado na borda da tigela de porcelana. Parece a casca de uma laranja, descascada. Parece um espirro abafado na igreja.

Garotas bem-comportadas são quietas.

Garotas más ajoelham no arroz cru, deixando os joelhos nus marcados pelos grãos duros. Pelo menos foi o que ouvi de uma ex-colega de trabalho que estudou em uma escola católica só para garotas no Brooklyn. As freiras preferiam esse tipo de punição corporal.

Garotas bem-comportadas não perturbam a sala de aula.

Garotas más frequentam a orientadora escolar com tanta frequência que ela mantém um suprimento extra de lenços de papel só para elas. Garotas más conversam com o policial designado para sua escola. Elas seguram os lenços de papel até que eles se desfaçam em pedaços.

Garotas bem-comportadas olham para todos os lados, mas não encaram os olhos do policial. Elas fixam o olhar no ponteiro dos segundos do relógio instalado na parede e dizem ao policial: "Não, tudo bem. Você não precisa falar com meu padrasto e minha mãe. Isso só vai piorar as coisas".

Silêncio é o que preenche o abismo entre mim e minha mãe. Todas as coisas que não dissemos uma à outra porque é muito doloroso colocar em palavras.

O que quero dizer: *Preciso que acredite em mim. Preciso que me ouça. Preciso de você.*

O que digo: nada.

Nada até que eu fale tudo de uma vez. Mas contar o que aconteceu não é suficiente. Ela ainda é casada com ele. Então o abismo aumenta.

Minha mãe vê fantasmas. Sempre viu. Estamos em Martha's Vineyard e estou presa em casa com meu irmão mais novo, dando uma de babá enquanto os adultos saem para comer mariscos fritos e tomar alguns drinques. É uma noite excepcionalmente fria de agosto, e o ar está tão parado que parece estar segurando o fôlego. Estou ao lado do meu irmão na cama, tentando fazê-lo dormir. De repente, escuto alguém, alguma coisa, expirar no meu ouvido. Viro a cabeça. As janelas estão fechadas. Não há mais ninguém em casa. Sinto um arrepio e pulo para fora da cama.

Quando minha mãe volta, conto o que aconteceu.

– Você sempre teve uma imaginação fértil, Mish – ela diz e ri, como uma onda cobrindo temporariamente as conchas na areia da praia.

Mas algumas noites depois, já longe da ilha, ela confessou.

– Acordei uma noite e alguém estava sentado no meu peito – ela contou. – Não quis te contar enquanto estávamos lá porque não queria assustá-la.

Naquela noite, sento no chão do meu quarto, os puxadores vermelhos da cômoda pressionando minhas costas, e penso nos fantasmas da minha mãe, em seu rosto, na casa. Uma casa onde a TV está sempre ligada e a comida está sempre sobre a mesa. Onde os jantares são arruinados quando estou à mesa e meu padrasto diz que tenho que comer em outro lugar, sozinha. Onde um vaso é jogado e os cacos se espatifam no chão de madeira numa melodia suave, porém aguda. Onde as armas do meu padrasto ficam expostas num estojo de vidro e a pistola fica escondida embaixo de uma pilha de camisas dentro do guarda-roupa. Onde engatinho entre os pinheiros catando o cocô do cachorro. Onde há uma piscina, mas nem eu nem minha mãe sabemos nada além de nadar no estilo cachorrinho.

Onde meu padrasto faz uma caixa para mim e minha mãe me ensina a guardar os meus segredos dentro dela.

Agora eu mesma compro o Benadryl líquido e o guardo perto de mim. Atualmente, minha mãe e eu nos comunicamos sobretudo por meio de mensagens no grupo junto com a minha irmã mais velha, mas nos limitamos a comentar as fotos que minha irmã compartilha de minha sobrinha e sobrinhos. Joey em seu carrinho Cozy Coupe, sorrindo para a câmera enquanto segura o volante.

Um dia, tentei entrar em contato.

Vou à casa da vovó este fim de semana. Que tal me visitar enquanto estou lá?

Minha mãe não respondeu.

Mando mensagens de texto em vez de ligar para ela porque ele pode estar por perto. Gosto de fingir que ele não existe. Sou boa nisso. Ela me ensinou. Da mesma forma que faço com as bijuterias quebradas no velho porta-joias, simplesmente fecho a tampa e esqueço lá dentro.

Espero por uma resposta dela, alguma desculpa sobre por que não poderá ir. Quando vovó me pega na estação de trem, torço intimamente para que minha mãe esteja no carro dela, para me fazer uma surpresa.

Verifico minhas mensagens e penso nas colagens desconexas que costumava fazer com recortes de revistas antigas, como *National Geographic*, *Family Circle* e catálogos da Sears. Um anúncio da sopa de tomate Campbell colado ao lado de um leopardo, por sua vez embaixo de uma manchete tipo "Dez dicas para...". Ainda criança, a falta de sentido, o inacabado das colagens, me tranquilizava, pois me dava a sensação de que tudo era possível. Bastava começar.

O carro dela nunca apareceu na frente da casa da vovó. Nenhuma mensagem no meu celular.

A casa do sítio de minha mãe, duas horas distante da cidade onde nasci, foi construída por um soldado da Guerra Revolucionária com as próprias mãos. É assombrada, claro. Há alguns anos, ela postou uma foto no Facebook do quintal, bem cuidado e exuberante, com pequenas esferas brilhando como a luz das estrelas.

"Te amo muito além do sol, da lua e das estrelas", ela sempre me dizia quando eu era pequena. Só queria que ela me amasse aqui. Agora. Na Terra.

O tutor da minha mãe

Por Cathi Hanauer

De certa forma, esta é uma história de amor. Uma versão do amor, pelo menos. Para o bem ou para o mal.

Para começar, o prólogo.

Meus pais se conheceram em 1953, numa festa em South Orange, Nova Jersey, na casa de uma pessoa chamada Merle Ann Beck. Minha mãe, que estava no primeiro ano do ensino médio, conhecia de vista a dona da casa, meu pai nem isso, mas, para resumir, os dois estavam na lista de convidados. Ao ler a lista, mamãe gostou do nome do meu pai, Lonnie Hanauer – algo a ver com o som harmonioso dos *enes* duplicados. Ela perguntou quem era e soube que, embora ele fosse apenas dezessete meses mais velho – ela estava com 16 anos e meio, ele quase 18 –, já frequentava o segundo ano do curso preparatório para medicina em Cornell. Isso atiçou sua curiosidade. Apesar de ser uma "garota bem-comportada", tranquila e estudiosa que ajudava a fazer o jornal da escola e trabalhava às vezes no armazém do pai, procurou por ele na festa. Eles conversaram e dançaram. Ela o achou sofisticado e engraçado. No fim da noite, ela disse à mãe que tinha conhecido o homem com quem iria se casar.

Três anos e oito meses depois, no clube de campo de sua família – com uma piscina azul transparente e um campo de golfe que rivalizava com os dos clubes elitistas dos arredores –, ela fez exatamente isso. Ele tinha pouco mais de 21 anos. Ela havia acabado de completar 20 anos.

Isso foi sessenta e um anos, quatro filhos e seis netos atrás. Sou a filha mais velha e aquela que, aparentemente, está sempre à procura de respostas, em especial sobre minha mãe.

Há mais ou menos dez anos, quando eu tinha 40 anos e meus pais pouco mais de 70 anos, minha mãe criou o próprio endereço de e-mail. Pode não parecer nada demais, mas no caso dela era algo imenso. Antes disso, desde os tempos do provedor AOL e seu aviso, "Mensagem para você!", meus pais compartilhavam o mesmo e-mail. Muitos amigos deles faziam o mesmo, casais que não tinham internet ou e-mail até virarem sessentões, e provavelmente achavam, pelo menos a princípio, que era a mesma coisa que compartilhar um endereço regular para correspondência ou uma linha telefônica fixa. Mas, ao contrário da maioria dos outros casais, quando as pessoas enviavam e-mails para minha mãe – as filhas, sua melhor amiga, seus irmãos –, meu pai não apenas lia a mensagem como muitas vezes a respondia. Às vezes, minha mãe também respondia. Ela parecia achar que era assim que funcionava.

A mesma dinâmica valia para as ligações telefônicas. Quando eu ligava para casa e meu pai atendia, bastava dizer alô e ele já gritava: "Bette! Atende aí!". Daí vinha o clique e ela se juntava à conversa. Aprendi há um tempo que, se eu pedisse para falar com a minha mãe, ele dizia: "Ela está ouvindo, pode falar". E se eu dissesse que queria falar com ela *em particular*, ele respondia algo como: "Qualquer coisa que você disser a ela pode me dizer também". Não adiantava pedir, argumentar ou se irritar, ele continuava na linha. Sem contar as vezes em que respondia por ela. Se eu perguntasse "Como se sente, mãe?" depois de ela ter passado mal, ele dizia: "Ela está se sentindo bem, está sem febre e acabou de comer umas torradas". Caso insistisse em ouvi-la: "Perguntei à *mamãe* como ela está se sentindo", ela acrescentava algo inofensivo e otimista, como "Estou muito melhor" ou "Estou bem".

Mesmo quando a conversa era especificamente feminina, coisas que uma filha poderia perguntar à mãe – como ela soube que estava grávida, o que dar de presente de casamento a alguém, ou como fazer sua famosa torta de mirtilo –, *ele* respondia mesmo sem saber a resposta. "Ela usa geleia de damasco, certo, Bette?" Ou: "É deselegante dar dinheiro, compre alguma coisa de modo que eles se lembrem de você quando forem usar". Se ele realmente não tivesse nada a dizer, o que acontecia quando a pergunta era sobre o livro que ela estava lendo, ele talvez ligasse a TV num jogo de beisebol e fizesse comentários em voz alta ("Droga, Martinez! Pegue a porra da bola!"), ou então contava o que eles tinham feito nos últimos dias, os jantares fora e as idas ao cinema, e completava com sua opinião sobre esses eventos. "Já viu o filme X?", ele perguntava. Se você dissesse que não, ele continuava: "Dou três estrelas para o filme" (Sua nota máxima é quatro.) e contava que a protagonista adolescente era fofa e, por fim, como o filme terminava. Quando eu reclamava do *spoiler*, ele dizia: "Hamlet morre no final, você sabe, né?".

O comportamento dele no telefone e no e-mail, e o fato de minha mãe aguentar tudo isso sem reclamar, era um mistério e uma frustração para mim. Será que ela não achava isso uma invasão de privacidade, não percebia o quanto era desagradável para as outras pessoas? Se sim, por que ela não falava nada? Havia também outras coisas típicas. Quando, com o carro lotado, ele dirigia como se estivesse participando de uma perseguição numa partida do jogo *Grand Theft Auto*, contornando lombadas, desrespeitando placas de Pare, buzinando para todo mundo que cruzasse o seu caminho. Ou quando ele criou uma confusão na viagem que eles fizeram a um parque nacional porque não gostou da visita guiada – muita observação de pássaros, poucas caminhadas – a ponto de ser levado à sede do parque, minha mãe a tiracolo, enquanto todas as outras pessoas esperavam.

Quando ele gritava com ela por ter alimentado o cachorro antes dele, ou quando ela, sempre econômica, comia as sobras de comida apesar de estar servindo para ele uma refeição que tinha acabado de fazer (ele não gostava que ela se privasse de nada). Às vezes, principalmente no telefone, a cena que ele fazia era tão inacreditável, tão comicamente detestável, quase uma paródia dele mesmo, que eu dava risada. "Obrigada por me dizer como *mamãe* se sente ou pensa ou faz a torta de mirtilo." Ele então ria, e ela ria também, daquele jeito que ela sempre faz quando alguém zomba dela, que é a maneira como se demonstra afeto na minha família. Ele vai rir quando ler isso, sim, porque ele lê tudo o que escrevo com orgulho e generosidade. Aceitar críticas, até mesmo quando ridicularizado, é uma de suas qualidades admiráveis. Até porque ele não tem vergonha nenhuma de seu comportamento. "Por que teria?", ele diria. "Dirijo com segurança e aquela guia de turismo era uma idiota. E sua mãe não deveria comer tantas sobras de comida."

Passei décadas tentando combater o comportamento de meu pai, seu temperamento e volatilidade, narcisismo, necessidade de controlar e dominar. Primeiro em relação a mim, depois em relação a mim e minha mãe, mas também tentei ter acesso à minha mãe, estar com ela ou mesmo conversar com ela sem que ele estivesse presente. Não se tratava apenas de querer entendê-la, e entender sua relação com ele, mas porque, da mesma forma, eu também queria um pedacinho dela. Afinal de contas, ela era minha mãe! Minha pequenina e gentil mãezinha de 81 anos, de cabelos grisalhos, jardineira e cozinheira de mão-cheia, passeadora de cães e hábil na compostagem, que tem um cartaz de BEM-VINDO! em seu jardim e fotos dos netos em cada pedacinho livre da geladeira, que lê e dá sua opinião sobre tudo o que escrevo, que nunca se esquece de uma data de aniversário ou comemoração e manda um cartão com uma foto que um dia ela tirou da pessoa em questão; que dedicou a vida a ensinar crianças com deficiências, além de criar os quatro filhos; que sempre se lembra de perguntar sobre você. Quem não ia querer um pouco disso? Quando criança, eu a dividi com minha irmã mais nova, além do meu pai, desde que tinha 19 meses de idade. Na época em que minha segunda irmã nasceu, e logo depois meu irmão, ela nunca estava sem um bando de crianças e cachorros para cuidar enquanto corria para dar conta de fazer as compras, levar e buscar as crianças na escola no dia da carona solidária, preparar o macarrão com queijo e *waffles*, liderar tropas de escoteiros mirins e costurar nossas fantasias de Dia das Bruxas ou suas saias longas de xadrez mesclando branco e rosa. Ela não descansava ou "almoçava" ou tomava café ou fumava ou frequentava coquetéis no fim da tarde. Ela era atarefada, sempre atendendo as necessidades de todo mundo, até meu pai chegar em casa, momento em que passava a atender apenas as necessidades dele.

Por muito tempo, depois de me tornar adulta, é provável que eu tenha tido menos acesso à minha mãe do que na infância. Eu me mudei para Manhattan depois da faculdade e sempre que voltava para visitar meus pais em Nova Jersey – um fim de semana a cada dois meses, em noites após o trabalho –, meu pai estava sempre lá, ou a caminho de casa. Às vezes, conseguíamos alguns minutos juntas antes de ele chegar, mas, quando a porta da garagem abria para o Mercedes branco estacionar, com o rádio retumbando alguma ópera ou noticiário, minha mãe se levantava para se arrumar. Ou, mais tarde, quando eu e ela limpávamos a cozinha juntas enquanto ele lia ou assistia à TV em sua toca. Mas logo ele aparecia e lia para ela um artigo ou a chamava para assistir a alguma coisa na TV. Ele parecia não conseguir ficar sem ela, ou talvez não quisesse deixá-la comigo, uma aguerrida feminista, dona do próprio nariz, dizendo coisas que ele achava que abalariam sua situação doméstica.

Será que ela se importava que ele escolhesse todos os filmes para a sessão das sextas-feiras, ou os programas de TV, e exigisse que ela os visse com ele? Como sempre busquei autonomia em meus relacionamentos e casamento, não conseguia imaginar a sensação de ser sempre tão *solicitada*. (Isso me lembra a música do musical *Oliver*!: "Enquanto ele precisar de mim/Sei onde devo estar".) Mas o que também me frustrava era a constante requisição do tempo dela. *E eu?*, eu pensava, mas depois me questionava: *Talvez ela não queira ficar sozinha comigo*. Afinal, eu também sou intensa, falante e opinativa como meu pai, embora, por ser uma mulher e mãe razoavelmente consciente, também seja muito diferente dele. Sou o tipo que gosta de fazer perguntas, de ir fundo. *Você está feliz com a sua vida? Se pudesse mudar alguma coisa, o que seria?* Mas minha irmã mais nova, que é menos tagarela e questionadora, às vezes também sente a mamãe insegura sobre os próprios desejos. Será que somos nós? Ela? Ele? Mamãe é um mistério.

Na época em que mamãe criou o próprio endereço eletrônico, eu já vinha me comunicando com meus pais por e-mail havia muito tempo, pois descobri que essa era a melhor maneira de conversar com meu pai. Eu já tinha 30 anos quando o e-mail se popularizou. Com duas crianças pequenas e o trabalho, o e-mail me permitia escrever quando tinha tempo livre e privacidade. Além disso, troquei o estresse de ouvir meu pai no telefone pela relativa facilidade de ler o que ele tinha a dizer. Em geral, eu gostava, pois ele é inteligente, às vezes bem-humorado e atualizado sobre tudo: notícias, política, entretenimento. Se ele souber os assuntos de seu interesse, vai descobrir artigos a respeito e enviá-los para você. O mesmo vale para algo que ele sabe que o ofende. "Aquela piranha ativista antiestupro só queria atenção, senão ela não teria..." Prefiro apagar o e-mail e pronto. Sem ter de envolver minha mãe nisso.

Ele ficou irritado com a substituição das conversas por telefone pelo e-mail, pois isso tirava sua oportunidade de discursar em alto e bom som, tendo a atenção de minha mãe e a minha ao mesmo tempo. Ele protestou por anos, mas, graças aos meus terapeutas, não me importei e não voltei atrás. Ele também reclamou quando descobriu (e ele demorou um pouco a perceber) que minha mãe agora tinha o próprio endereço de e-mail. Mas nisso, curiosamente, ela manteve uma posição firme... Bem, isso me pareceu um divisor de águas.

Nessa altura, eu já havia compreendido meu pai, mas minha mãe continuava sendo um desafio para mim. Quem era ela, além da enérgica professora e orientadora de olhos verdes, e vizinha calorosa que, do alto de seu 1,50 metro e 41 quilos, vivia à base de café preto, um sanduíche fininho de queijo e uma colher de sopa de iogurte com exatas duas nozes de cobertura todas as manhãs? Quem era essa mulher que se deitava todas as noites com meu pai, mas horas depois se esgueirava até o quarto de meu falecido irmão para ler romance após romance? Quais eram seus sonhos? Será que tinha algum, além da vida incrível, prática e confortável que levava? Tinha filhos e netos que a amavam, um cachorro animado adotado de um abrigo, uma casa e um jardim muito bem cuidados, uma vaga no conselho da escola que ela ajudou a fundar. Estava num casamento de mais de seis décadas e contava com dinheiro suficiente para envelhecer de maneira confortável. Será que ela pensa no meu irmão, adotado com seis semanas de vida porque eles (meu pai?) queriam um quarto filho e um filho homem? Esse irmão teve uma juventude conturbada e morreu aos 30 anos num acidente de carro causado pelo uso de drogas e álcool. Será que ela sentia algum arrependimento? O que ela mudaria em sua vida se pudesse?

Eu poderia *perguntar* isso a ela agora, junto com mais esta: por que ela não reclamava do péssimo comportamento do meu pai, com ela e com as filhas e as outras pessoas? Ou será que ela não achava que existia realmente um problema e eu é que era sensível demais? (Sei como o meu pai responderia a isso.) Eu deveria ter simplesmente ignorado e seguido em frente, como minha mãe fez, quando ele me deu um tapa com força no rosto, no quarto ano, porque falei uma palavra que nem sabia que era proibida? Ou quando ele sacudiu minha irmã adolescente com muita força e ela despencou – ops – escada abaixo? (Ela ficou bem! A escada era acarpetada!) Ou, ainda, quando ele me ridicularizou por causa da nota que tirei no teste oral do vestibular (algo que ele continua fazendo hoje em dia, apesar da minha longa carreira como romancista, editora, escritora)?

Meu pai tinha regras arbitrárias para uma garota que tirava boas notas, não ficava muito bêbada e até ajudava a administrar o seu consultório médico (ele não me deixava ter nenhum outro emprego): eu poderia ir ao cinema com as amigas ou namorado, mas só para ver os filmes que *ele* considerava intelectualmente interessantes – portanto, se um grupo de amigas e amigos de 15 anos estivesse indo ver, digamos, *Halloween* ou *Tubarão 2*, eu tinha que convencê-los a mudar os planos e assistir a *O franco atirador*, ou não poderia ir. Será que minha mãe, que, como ele, era minha tutora, *concordava* com esse tipo de criação? Ele não estava me agredindo, nem me deixando passar fome ou me expulsando de casa, mas, ainda assim, por que ela não falava nada? Na adolescência, eu sentia muita raiva para conseguir perguntar a ela com calma, então chorava: "Por que você não diz a ele para não *fazer* mais isso?!". A questão é que ela não queria, ou não podia falar, e acabava *não* se posicionando, não importa o quanto eu implorasse. Seria ela cúmplice? Teria medo? Como adulta e – finalmente! – com acesso direto a ela, pude conseguir algumas respostas.

Logo percebi que essa nova proximidade não me daria muito mais explicações do que as que eu já tinha, pelo menos não imediatamente. Muitas vezes, ela não respondia quando eu perguntava sobre meu pai, outras vezes dava respostas curtas, resumidas, lacônicas, pelo menos a meu ver. "Não consigo controlá-lo", ela disse quando perguntei o motivo de ela ter deixado que ele tivesse um chilique com direito a gritaria no almoço do Dia de Ação de Graças porque alguém comeu o último camarão na travessa, embora houvesse mais na cozinha. "Não importa o que eu diga a ele", ela diria, ou, "Se eu pedir para ele parar, ele vai ficar com raiva." Tudo isso era e é verdade, mas dá para *ignorar* esse tipo de comportamento do marido? Os netos ficaram de queixo caído antes de começarem a sussurrar e rir (a bem da verdade, eles o acham hilário). Por que ela não fala nada? Ou dá um ultimato, embora eu não consiga imaginar o que poderia acontecer.

O que meu relacionamento por e-mail com minha mãe fez foi proporcionar uma maneira *divertida* de conversar com ela.

Agora, quando faço alguma pergunta sobre a educação dos filhos ou peço uma receita, ela pode responder por si mesma. Ela me conta sobre sua nova aluna, ou sobre a visita a um museu da cidade com uma velha amiga. Ir sozinha a Nova York foi algo que ela só começou a fazer na última década. Ela me contou a história de sua família. Conversamos sobre livros, agora sem ninguém na extensão do telefone perguntando onde estava o abridor de cartas. Minha mãe gosta de ler quase todo tipo de romance, desde que não tenha "muito" cigarro, bebidas, xingamento ou adultério. Ela começou a seguir a carreira dos meus amigos escritores e a convidar alguns deles, como fez comigo, para os seus clubes do livro. "*Adoro* sua mãe!", eles me falam, depois de ir à casa dela comer salada de ovo e tomar café, com as hortênsias frescas colhidas em seu jardim enfeitando a mesa. Eles também gostam do meu pai, que vai buscá-los no ponto do ônibus, sempre amigável e divertido, no modo cavalheiro charmoso que ele ativa quando quer. Ele também gosta de ler, e não apenas livros de escritores homens. Entre os seus favoritos estão *Orgulho e preconceito*, de Jane Austen, e *Middlemarch*, de George Eliot. Classificação de quatro estrelas cada.

Mas o que minha mãe ainda não fazia em nossa troca de e-mails, pelo menos não com frequência ou com profundidade, era se autoanalisar ou falar sobre o comportamento do papai em relação a ela, a mim ou ao mundo, para que eu pudesse entender o que ela achava sobre tudo isso. Às vezes, ela ria de mim, chegava a me gozar por causa das perguntas ("Ah, Cathi, não sei!"). E agora que eu sabia que era *dela* a decisão de não falar sobre essas coisas, ou talvez por nunca a ter pressionado muito, resolvi recuar, pelo menos um pouquinho. Quando visitava os meus pais, tentava não me meter no relacionamento deles, embora algumas vezes falhasse. "Pare de gritar com ela!", berrei com ele na história do camarão, ou quando alguém ousou abrir e comer o pacote de castanha de caju da Costco, e ele também deu um ataque. Nos últimos tempos, de vez em quando ele me ouve. Afinal, estavam presentes quatro netas já grandinhas e três filhas adultas, todas unidas no *Poder Feminino*, além de dois netos afáveis e bem-educados e suas mães feministas, torcendo por suas irmãs e primas. Ele era minoria. Cheguei a ficar com pena dele. Afinal, era mais um homem branco heterossexual sendo alvo do #MeToo em sua própria sala de jantar. Mas, se não fosse por ele, nenhuma de nós estaria aqui, nesta sala, ou em lugar algum.

De modo geral, éramos bem-sucedidas, em parte graças a ele. Tivemos uma vida boa, não nos afastamos uns dos outros, nos reuníamos algumas vezes por ano, éramos uma família saudável e privilegiada de treze ou catorze pessoas... nada mal depois de cinquenta e cinco anos casados. Sobrevivi à minha infância com ele no comando e ainda escolho me envolver e passar um tempo com o sujeito, não apenas para ver minha mãe, mas porque eu gostava e sabia que ele também gostava. E também porque ele não está ficando mais jovem e sempre foi generoso de muitas formas: dando conselhos médicos, levando meus filhos para jantar fora ou em viagens nas férias, e agora ainda ajuda a pagar a educação dos netos (desde que frequentem as faculdades aprovadas por ele; Cornell era a ideal porque ele tinha estudado lá, mas Brown estava fora porque era "pretensiosa"). Ele sempre apoiou os aspectos positivos da minha vida, particularmente o meu trabalho, da mesma maneira que criticava os aspectos que considerava negativos. Ele e minha mãe, o casal de cabelos escuros, depois grisalhos, depois brancos, no cruzeiro para Helsinque ou Veneza ou Juneau, distribuíam cartões do meu livro mais recente e comentavam com elogios a coluna de jornal do meu marido. Eu dava valor a tudo isso.

No dia seguinte, no entanto, ele colocava alguém em cópia numa longa troca de mensagens entre nós (pedi que ele não fizesse isso) ou fazia algum comentário desagradável sobre o poder de atração de alguma garota (ou a falta dele)... e lá íamos nós novamente. E minha mãe, que deveria ser a protagonista deste ensaio (Estão vendo o que acontece aqui?), ficava em silêncio, quase como se estivesse me condenando também. *Será que ela estava?* Se estava, tudo bem. Mas queria ouvir isso dela.

Assim, para escrever este ensaio, decidi ir fundo de uma vez por todas. Meus pais têm 82 e 81 anos agora; são saudáveis, mas nunca se sabe quando é a última chance de obter respostas para as perguntas que você teve a vida inteira. Assim, mandei um e-mail para minha mãe dizendo que estou escrevendo um artigo sobre as conversas que nunca tivemos e perguntando se ela toparia falar sobre essas coisas. Ela topou. Marcamos uma hora em que meu pai estaria no hospital, onde ele ainda atende pacientes algumas manhãs por semana. E conversamos pelo telefone.

Minha mãe, a meu ver, mudou nos últimos vinte anos, e mais ainda nos últimos dez anos. Depois de décadas superocupada com a maternidade, o casamento, a profissão como professora, a contabilidade do consultório de meu pai, ela diminuiu o ritmo e passou a diversificar seus interesses. Os grupos de mulheres, os clubes de livros, o conselho em que atua... Aos 81 anos, ela não é uma mera figurante. Tive a sensação de que ela estava quase animada para falar comigo. Em todo caso, achei que falar sobre esses assuntos não tivesse tanta importância assim para ela.

Depois de algumas amenidades, fui direto ao ponto.

– Quando vocês se conheceram, ele tinha o mesmo temperamento de agora? Se não, quando você notou pela primeira vez? – perguntei.

– Não, ele não tinha – ela respondeu. – Conforme a vida foi ficando mais complicada, ele criou um monte de regras sobre como queria que as coisas funcionassem. E, quando as coisas não saíam do seu jeito, ele ficava zangado. – Ela fez uma pausa. – Mas não, o temperamento dele só se revelou bastante tempos depois. *Eu acho*. E é por isso que estamos casados há tantos anos, Cathi, porque esqueço as coisas depressa. Fico muito irritada com ele na hora e depois esqueço. Mas também não analiso o casamento e os relacionamentos como a sua geração faz. Acho que a minha geração era ingênua.

Faz sentido, embora grandes pensadoras, de Gloria Steinem a Betty Friedan, de Germaine Greer à brilhante Vivian Gornick (quase da mesma idade da minha mãe), também sejam de sua geração. Ainda assim, dessas quatro citadas, três não tiveram filhos. E, sim, acho que isso muda as coisas: a visão de mundo, as prioridades, o poder que se tinha, pelo menos, de ser independente e, portanto, franca.

– Você concorda que ele te controlava? Que ele a isolou das outras pessoas? De mim, de suas amigas e outros familiares?

– Acho que ele fazia isso, sim, e ainda faz, me impedindo de... como agora, com as professoras na minha escola. A diretora está sempre tentando organizar eventos depois do expediente, tipo um encontro em um bar, ou uma saída para jantar. E eu jamais quis fazer essas "coisas".

Nesse momento, percebi uma mudança entre o que ele queria para o que ela queria, aparentemente as mesmas coisas.

– Primeiro, porque eu tinha quatro filhos e o cotidiano era muito ocupado. Eu faço a contabilidade para ele desde sempre, então, após o jantar, sempre corria lá em cima para anotar algo que ele me disse ou ligar para o plano de saúde de algum paciente.

Ela menciona que sua amiga de Nova York, que é divorciada, sempre dizia: "Venha dormir aqui em casa algum dia". E ela acrescentou: "Mas não faço coisas assim".

Questionei:

– Por quê?

– Bem, acho que ele *realmente* me queria só para ele. Você tem razão. Ele era, e é, muito exigente e sempre me fez sentir que minha primeira obrigação era com ele. Acho que o estimulei de certa forma, pois sempre deixava uma refeição pronta para ele. Seu pai nunca teve que ir a uma loja para comprar algo que estava faltando, ou se preocupar com determinadas coisas, porque sempre cuidei de tudo para ele. Ele nunca teria comprado um apartamento em Nova York e ficado longe de mim por tantas noites, como faz o Dan.

Agora ela estava se referindo ao meu marido e ao pequeno apartamento que compramos juntos em Nova York há alguns anos, quando ele precisou ficar mais tempo lá por conta do trabalho. Às vezes, vou com ele, pois também tenho trabalho, amigas e colegas lá, mas outras vezes fico em nossa casa em Massachusetts com os cachorros. Este é um acordo que ambos escolhemos e adoramos. Depois de quase três décadas sendo mãe e esposa de uma família amorosa, gosto de ficar sozinha às vezes. Mas é interessante perceber que minha mãe vê a situação como se *Dan tivesse arranjado* um apartamento e tivesse se *afastado* de mim, como se as escolhas fossem dele. Decidi não tentar explicar isso.

– E quando ele grita conosco, ou fala por você ao telefone? Como você se sente em relação a isso?

Ela admitiu que ele é desagradável no telefone.

– É que ele acha que deve fazer parte de qualquer coisa que eu faça com as crianças. Não concordo com isso, principalmente porque temos três filhas e sou a mãe delas, e acho que deveria ser capaz de falar com elas sem que ele esteja ouvindo, mas não vale a pena brigar por isso. Se comento com ele alguma coisa que você me contou num e-mail, ele logo pergunta: "Como você sabe disso?",

"Por que você está conversando com Cathi em particular?", "Por que você mantém as coisas em segredo?". Ele não gosta de ficar de fora.

Não havia nenhuma novidade nisso. Mas ela admitiu que "não valia a pena" brigar com ele para ter acesso às filhas, ou a qualquer outra pessoa, e sem rodeios disse que preferia acalmá-lo a falar conosco. Eu sabia disso, é claro, mas era importante ouvi-la reconhecer isso de modo oficial.

– E o fato de ele decidir quais serão as viagens que vocês farão e os filmes que verão? Você fica aliviada? Acha bom não ter que fazer todas essas escolhas? – perguntei.

– Prefiro não me indispor com ele. Ele é uma pessoa difícil e é um desafio sempre aceitar as suas decisões, mas é bem mais fácil aceitar do que contestar. Para mim, essas coisas não fazem realmente muita diferença – ela repetiu.

Pensei na família dela, sobretudo em meu avô, um homem pequeno, gentil, com o rosto redondo e cabelo castanho-claro durante toda a vida. Ele era muito chegado à minha mãe, a seus dois irmãos e a todos os seus netos. Lembro que, quando dormíamos na casa deles, eu e minha irmã acordávamos meu avô às 5 ou 6 da manhã para ver desenhos animados, algo que não tínhamos permissão para fazer em casa. Ele estava sempre disponível. Ao contrário de meus avós por parte de pai, meus avós por parte de mãe, Mac e Sylvia, nunca se zangavam conosco ou com quem quer que fosse. Uma vez, eu estava coçando uma picada de mosquito, e meu avô Mac me disse para tentar não coçar e simplesmente aceitar a coceira. Achei aquilo intrigante. Ele era advogado, mas, depois que o pai dele morreu, abriu mão da profissão para assumir o negócio da família junto com os irmãos, uma loja que empregou a família dos três por um longo tempo.

– Você se lembra da primeira briga com o meu pai? – perguntei à minha mãe.

– Não.

– Você se lembra de quando ele mandou você me tirar de um torneio esportivo na escola, na frente de todo mundo, porque eu não estava em casa quando ele chegou para o jantar e isso o deixou furioso? Isso não te incomodou?

– Não me lembro disso, mas com certeza devo ter ficado chateada.

Consigo vê-la arrumando as coisas enquanto fala comigo, limpando o balcão da cozinha, organizando as imensas pilhas de jornais e revistas que meu pai insistia em guardar.

– Não havia dúvida de que ele ditava as regras, que tomava todas as decisões, que era o disciplinador e o provedor – ela afirmou. – Mas encaro todas as coisas que fiz como o que eu *deveria* fazer, e não questionei isso. Achei que não tinha escolha.

– Talvez, de certa forma, fosse um alívio para você que ele fosse a pessoa responsável por nos disciplinar – sugeri.

– Na verdade, achei que ele sabia como as coisas deviam ser feitas. Reconhecia a autoridade dele, embora nem sempre concordasse com a forma que ele disciplinava você. Sempre achei que ele era muito duro, muito irritado, e falei isso, mas ele alegava que "não estava realmente zangado com você". Então eu explicava que ele *parecia* zangado, que essa era a impressão que as pessoas tinham dele, que isso é um problema.

Ela fez uma pausa.

– Mas você se lembra, não é, Cathi, que ele também se envolvia muito nas atividades esportivas de todos os filhos?

Isso é verdade. Quando eu era jovem, ele treinou beisebol comigo e depois com meu irmão. Ele jogava tênis comigo sempre que eu pedia, e eu pedia direto. Ele me ensinou a ser durona em quadra.

– E ele era extremamente gentil também. – Ela mencionou uma amiga cujo marido morreu pouco tempo atrás. – Ele a buscou e levou para jantar conosco no último fim de semana e ela ficou grata de verdade por isso. Ele é muito leal aos velhos amigos – ela comentou.

Mais um ponto a favor dele.

– E a briga com a guia de turismo naquele parque nacional? – perguntei.

– Aquilo foi realmente maluco – ela admitiu. – Eu me senti presa, humilhada e zangada. Falei com ele sobre isso, mas ele não vê as coisas do meu ponto de vista. Até hoje ele não admite. Uma amiga fez recentemente essa mesma viagem e ele estava contando a ela como foi o passeio. Ele concorda que foi desagradável, mas acha que a guia mereceu, pois ele não estava recebendo o passeio que tinha contratado, então tinha o direito de reclamar. Eu me senti... Sabe, ele disse: "Vá se foder" [para a guia]. Não acho que essa seja uma maneira simpática de se apresentar aos colegas viajantes.

Ela fez uma pausa.

– Mas, sinceramente, não fico me lembrando dessas pequenas coisas. Não até que se fale nisso outra vez. *Acho* que é essa negação saudável que permite que o meu casamento continue.

Concordei. Observei que em vários, senão em todos os casamentos longos, há muito de pragmatismo e de negação saudável.

– E quando P [minha filha] largou a faculdade no primeiro ano? Você se lembra de como ele reagiu? – refresquei a memória dela.

Desconsiderando a opinião do terapeuta de P, inclusive do orientador da faculdade, que concordaram que ela deveria tirar um tempo antes de voltar às aulas, ele escreveu e-mails de recriminação irados para ela e para mim, chamando-a de garota mimada e exigindo que eu a obrigasse a continuar. "Você vai deixar que ela a controle para sempre?", ele gritou comigo e com ela: "Você algum dia vai permitir que seu irmão tenha a chance de ser o centro das atenções?". Como se trancar a faculdade fosse uma manobra dela para ser a rainha da casa, da mesma forma que ele era na dele.

– Acho que ele pensa que você deve disciplinar os seus filhos da mesma forma que *ele* fez com *você*. Ele não a apoiou quando você permitiu que sua filha largasse a faculdade, mas está muito feliz com o resultado.

É claro que está. Depois de um ano trabalhando e refletindo sobre as coisas que a estavam incomodando, minha filha voltou à faculdade e se saiu superbem, tendo se formado com destaque, um ano atrasada, mas com colegas, amigos, honrarias e uma experiência profissional que não teria se não tivesse parado por um ano. Meu pai foi à formatura dela, todo orgulhoso. Mais uma vez, tudo ocorreu como deveria ter sido.

– Como *você* se sentiu naquela época? – perguntei.

– Fiquei preocupada com ela – ela explicou. – Mas parecia que você achava que aquele tempo era necessário para ela amadurecer, então pensei, bom, ela é sua filha... Achei que devíamos apoiar sua decisão de como lidar com o que estava acontecendo. Tenho certeza de que disse isso a ele.

Lembro-me de minha mãe se manter em silêncio sobre o caso, embora não soubesse o que ela disse a ele em particular.

Perguntei também sobre minha irmã mais nova, Amy, uma executiva de sucesso que criou e dirige uma consultoria com treze funcionários, e com quem meu pai também briga bastante ultimamente, inclusive mais do que comigo.

– Ele tem muito orgulho da Amy e do trabalho dela – minha mãe disse. – Ele acha que ela é muito inteligente.

Soltei uma risada. Mais inteligente do que eu, é claro, já que as notas dela no SAT foram maiores e ela entrou em Cornell.

– Ele também a considera uma boa mãe e esposa – ela acrescentou. – Acho que ele se arrepende quando tem discussões com Amy, e com qualquer outra pessoa, mas não pede desculpas.

Isso é verdade. Meu pai quase nunca pede desculpas. A única vez que o ouvi expressar remorso foi por ter "deixado" meu irmão se mudar para San Diego aos 20 anos, para estudar, porque foi em San Diego que o acidente que o vitimou aconteceu. Se ele estivesse mais perto de casa, meu pai acha que poderia ter cuidado melhor dele.

De verdade, não consigo imaginar como é perder um filho, como é seguir em frente depois disso. Ele pode pensar o que quiser a respeito. Enquanto eu refletia sobre isso, minha mãe disse:

– Mas sabe, Cathi, você entra em confronto com ele por tudo, e acho melhor deixar algumas coisas para lá. É como se você estivesse sempre procurando corrigi-lo, ou vigiando ele. Amy se exalta e às vezes fica agressiva, mas ela também conversa muito sobre política e outras coisas com ele, então eles têm uma relação mais próxima. Com você, há mais antagonismo.

Mais uma vez, ponto para ela. Sacada perfeita. Como primogênita e filha provavelmente mais afetada por seu narcisismo e autoritarismo, não dou muita folga para ele mesmo.

– Quando ele entra no Facebook como se fosse você, isso não te incomoda? – perguntei.

Ele não tem perfil próprio no Facebook, então usa o dela. Lá, ele faz comentários nas conversas com as "amigas" dela (eu, por exemplo), comentários às vezes bem-humorados, às vezes antagônicos. Como fica tudo aberto para amigos meus e até leitores (muitos que nem conheço), então entro na conta e saio apagando, apagando, apagando.

– Ele não se passa por mim, sempre coloca as iniciais dele – ela disse.

Não importa. O que aparece é o rosto e o nome dela, sendo que às vezes ele se esquece de colocar as iniciais, até porque pouca gente, ou ninguém, que vá ler os comentários sabe que "LBH não BFH" no final de uma postagem significa que o comentário é dele, não dela. Uma vez eu disse que, se ela não o controlasse, teria que cancelar nossa amizade. Funcionou por uma semana.

Por fim, perguntei:

– Você já teve medo dele? Alguma vez teve uma briga em que sentiu vontade de se separar?

– Algumas vezes fico chateada quando ele grita, mas nunca pensei em ir embora. Nós temos uma vida juntos. Seja o que for, pode ser remediado. E não acho que ele grite tanto ultimamente.

Soltei outra risada. Se o amor é cego, aparentemente também é surdo. Meu pai é a mesma pessoa que sempre foi, pelo menos nos últimos cinquenta e cinco anos em que o conheço. Minha mãe também.

Agradeci a minha querida e doce mãe pelo seu tempo e honestidade e desligamos o telefone.

Com isso, cheguei ao fim da minha história – ao epílogo, talvez. Em 1953, minha mãe conheceu o homem dos seus sonhos e, em 1957, eles se casaram. Num vestido branco de gola alta, com pouco mais de 19 anos, ela jurou amá-lo e respeitá-lo, na alegria e na tristeza, "até que a morte os separe". Dona de olhos verdes curiosos e filha de um homem gentil e amoroso que acreditava que se deve aceitar o que a vida nos apresenta com um sorriso e um aceno de cabeça, ela assumiu um compromisso vitalício em que meu pai a sustentaria e tomaria as decisões e ela as aceitaria – e é isso que ela fez. Em troca, recebeu um marido fiel e leal que grita e perde a paciência e a humilha de vez em quando, um marido que às vezes agredia e repreendia os filhos, mas um marido que também cuidava dela e das crianças, que trouxe cultura à sua vida e que confiava nela da mesma forma que ela confiava nele. Será que ele era abusivo, ou só inflexível e com pouca empatia? Será que isso importa mesmo? Um rótulo é apenas isto: um rótulo. Como disse Elie Wiesel, o oposto do amor não é o ódio, mas a indiferença – uma coisa que nunca se poderia dizer de meu pai. Ele era presente. Estava sempre na frente, no centro, na sua cara, o tempo todo. Ao longo de seis décadas, quatro filhos, seis netos, muitos cachorros e viagens, minha mãe tem convivido bem com isso. Sempre ao lado dele, colocando-o em primeiro lugar.

Com isso, o mistério da minha mãe está resolvido. É simples: não *existe* mistério. Na realidade, era apenas o meu desejo de que houvesse algo mais profundo que me impedia de ver que se tratava de uma relação totalmente banal. Como seu pai, minha mãe lida com as frustrações e tragédias da vida sobretudo por meio da aceitação, sem analisar demais. Ao se manter ocupada e se fingindo de morta sempre que for necessário, ela ajuda os de fato necessitados sempre que pode e não se deixa abater pelos problemas. Ao contrário de mim, ela nunca *precisou* de respostas para todas as perguntas da vida. Ela está colhendo o que plantou aos 16 anos, e agora, sessenta e cinco anos depois, ainda vive com otimismo e alegria. Ela é exatamente o que eu vejo, exatamente o que quer ser. O que ela deseja na maior parte do tempo é o que ela tem; no restante do tempo, ela aguenta firme até as coisas melhorarem. Como disse meu pai há poucos dias, ao me ver tentando abrir a caixa de Pandora: "Ela é feliz, não a faça pensar que não é".

Ele tem razão. Parei de tentar abrir essa caixa de Pandora. Afinal, a história dela só pertence a ela mesma: uma história de amor com seu próprio final feliz.

E a minha história, sobre o amor, mas também sobre o perdão, é só minha.

Tesmofórias

Por Melissa Febos

I. Kathodos

As calçadas de Roma pareciam envoltas numa nuvem de vapor. Era julho de 2015, o ar estava pesado por causa do calor, da fumaça dos cigarros e do escapamento dos veículos. Fiquei acordada por quase vinte e quatro horas, três delas no aeroporto à espera de um carro alugado disponível. Cheguei à cidade dirigindo em meio a buzinas e ao ronco de motocicletas que zuniam como vespas em torno dos carros. Estacionei num lugar duvidoso e saí caminhando por calçadas apinhadas de gente até encontrar o endereço do apartamento que tinha alugado. Na minúscula quitinete, abri as cortinas e rastejei até uma cama desconhecida com lençóis brancos e ásperos. Publiquei uma foto no Facebook do meu rosto radiante e exausto – Itália! – e adormeci imediatamente.

Três horas depois, acordei com o som do meu telefone tocando. Havia três mensagens da minha mãe. Meses antes, ela havia fechado a agenda de pacientes de psicoterapia e comprado uma passagem para Nápoles, onde eu a buscaria dali a quatro dias. De lá, iríamos até à pequena cidade pesqueira na costa de Sorrento, lugar em que sua avó nasceu e onde aluguei outro apartamento por uma semana.

Você está na Itália??

Minha passagem é para o mês que vem!

Melly???

Uma pontada de pavor me despertou da letargia do *jet lag* e revirou meu estômago. Rezando para não ter cometido um erro tão absurdo, repassei freneticamente nossa troca de e-mails, verificando as datas. Era verdade. Escrevi o mês errado no início de nossa correspondência sobre a viagem. Semanas depois, enviamos uma para a outra as confirmações de nossas passagens, mas obviamente nenhuma de nós leu com atenção. Minha cabeça zunia de ansiedade.

O pânico que eu sentia era maior do que a decepção das férias compartilhadas desfeitas, pelas quais estava tão ansiosa. Maior do que a tristeza que senti pelas horas de pânico que ela deve ter vivido enquanto eu dormia, ou por sua inevitável frustração. Maior do que o medo de ela ficar zangada comigo. Quem não ficaria? A raiva da minha mãe nunca durava.

Imagine uma base tão delicada e intrincada quanto um favo de mel, uma estrutura que poderia ser facilmente destruída por um descuido. Não, agora imagine uma estrutura que resistiu a muitos golpes, alguns mais irresponsáveis do que outros. O pavor que senti não tinha a ver com os meus pensamentos, mas com minha intuição, com alguma lógica tangível que manteve um registro meticuloso de cada erro cometido antes deste. Que acreditava haver um número finito de vezes que se pode decepcionar alguém antes que ela fique indiferente a você.

No primeiro ano, éramos somente nós duas. Minha mãe, que foi uma criança muito solitária, queria uma filha. Então, ela me teve. Foi a primeira história que entendi como minha. Melissa, que significa "mel de abelha", era o nome das sacerdotisas de Deméter. Melissa vem da palavra *meli*, que significa "mel", como Melíndia ou Melinoia, os pseudônimos de Perséfone. Todos conhecemos a história: Hades, soberano do submundo, se apaixona por Perséfone e a sequestra. Deméter, sua mãe e deusa da agricultura, enlouquece de tristeza. Durante sua busca incessante por Perséfone, os campos ficam inférteis. Persuadido por Deméter e pelos apelos dos famintos,

Zeus ordena que Hades devolva Perséfone. Hades obedece, mas antes convence Perséfone a comer quatro sementes de uma romã, assim condenando-a a voltar ao submundo durante quatro meses todo ano, no inverno.

Não sei qual é a sensação de gerar um ser em seu próprio corpo. Talvez nunca venha a saber. Lembro-me, no entanto, da sensação de ser filha de uma filha. A princípio, a distância entre o nosso corpo era nenhuma, depois alguma. Ela me amamentou até perto de eu fazer 2 anos, quase falando frases completas. Depois, me alimentou com bananas e kefir, por cuja acidez ainda anseio, e cantou para eu dormir em seu peito tomado de sardas. Ela leu e cozinhou para mim e me carregava com ela por toda parte.

Foi uma bênção ser tão amada. Mais ainda, confiar que estava em segurança. É o que todas as crianças merecem, mas nem todos os pais conseguem. Ela conseguiu. Meu pai biológico não conseguiu, então ela o deixou. Primeiro, moramos com a mãe dela e depois em uma casa cheia de mulheres que decidiram viver sem a companhia de homens. Um dia, na praia, conhecemos nosso comandante dedilhando um violão, meu verdadeiro pai. A partir deste dia, ele nunca conheceu uma de nós sem a outra. Hoje, quando o vejo, a primeira ou segunda coisa que ele me diz é sempre: "Ah! Agora mesmo você está exatamente igual à sua mãe".

Ambos eram apaixonados por mim quando criança. Gorda e feliz, sempre falante. "Você era muito fofa", eles dizem. "Tínhamos de vigiar você, pois era capaz de ir embora com qualquer um."

Quando ele estava no mar, éramos só nós duas novamente. Depois que meu irmão nasceu, foi a mim que ela confidenciou o quanto foi difícil ser abandonada por ele. Suas lágrimas cheiravam a névoa do mar, geladas no contato com meu rosto. Da mesma forma que eles me amaram, amei meu irmão, nosso bebê.

Depois que meus pais se separaram, eles optaram pelo *nesting*, que é um acordo no qual as crianças permanecem na casa da família enquanto os pais se alternam nos cuidados com os filhos. A primeira vez que meu pai voltou do mar e minha mãe dormiu em um quarto alugado do outro lado da cidade, senti tanta falta dela que fiquei doente. Minha saudade parecia uma desintegração do meu ego, uma destilação de mim mesma, tudo concentrado numa única obsessão assustadora. Meus brinquedos já não me davam prazer. Nenhuma história conseguia me entreter. Para não magoar meu pai, que também estava sofrendo com a separação, ocultei o meu desespero. Ligava escondido para ela e sussurrava: "Por favor, venha me buscar". Nunca tinha ficado longe dela. Eu não sabia que ela era o meu lar.

Meu aniversário cai no quarto mês do antigo calendário grego, que é também o mês do rapto de Perséfone, o mês em que o desespero de Deméter levou caos aos campos. Nesse período, as mulheres de Atenas celebravam as Tesmofórias. Os rituais desse festival de três dias dedicado à fertilidade da terra eram um segredo bem guardado entre as mulheres. Incluíam a ocultação de sacrifícios, muitas vezes de porcos mortos, e a recuperação dos sacrifícios do ano anterior para que os restos mortais fossem oferecidos em altares às deusas e depois espalhados pelos campos junto com as sementes daquele ano.

Quando menstruei, aos 13 anos, minha mãe queria dar uma festa. "Uma coisa pequena, só para mulheres", explicou. "Quero comemorar." Já era tarde demais. Eu estava excitada com algo bem maior do que o advento da minha própria fertilidade. Os hormônios circulando por meu corpo, o fato de nossa família estar incompleta, o fim da minha forma infantil e a avalanche de orgasmos que sentia ao me masturbar toda noite. Essas mudanças não foram todas ruins. Ela me ensinou a respeitar a maior parte das transformações, mas havia coisas para as quais ela não me preparou, pois não tinha como. Só sei que a soma de tudo isso era apavorante. Eu preferiria morrer a comemorar com ela.

Às vezes, é muito doloroso ser amado. Intolerável, eu diria. Tive que rejeitá-la.

Os psicólogos têm muitas explicações para isso. Os filósofos também. Li sobre a separação, a diferenciação e a individuação.

Dizem tratar-se de uma disrupção muito comum, em especial entre mães e filhas, forçosamente dolorosa. Quanto mais próximas elas forem, mais violento será o esforço da filha para se libertar. Essas explicações oferecem algum sentido, mas não estou em busca de consentimento, explicação mirabolante ou confirmação de que a nossa separação foi normal. Não busco apenas isso, de qualquer forma. Também estou interessada em um tipo diferente de compreensão e, para isso, preciso recontar a nossa história.

Imagino uma pessoa amada. Um amor que me acompanhou por doze anos, numa intimidade ininterrupta e indiferenciada. Um caso de amor em que o peso da responsabilidade, do cuidado, recai unicamente sobre mim. Imagino também responsabilidades simultâneas. No caso de Deméter, a fertilidade da terra, o alimento para todas as pessoas e o ciclo de vida e morte. Depois de doze anos, a pessoa amada me rejeita. Ela não vai embora. Não deixa de depender de mim – ainda preciso vesti-la e alimentá-la, transportá-la todos os dias, cuidar de sua saúde e, de vez em quando, oferecer consolo, embora ela fique cada vez mais resistente a aceitar o meu carinho. Ela se isola e passa a viver quase por completo em seu mundo interior. Está furiosa. Claramente sofrendo e talvez em perigo. A cada passo que dou em sua direção, ela se afasta ainda mais.

Obviamente, a analogia não é perfeita. Recorro a ela porque temos tantas narrativas para dar sentido ao amor romântico, amor sexual, casamento, mas nenhuma que traduza o desgosto que minha mãe deve ter sentido diante da minha rejeição. A única maneira que posso imaginar isso é através dessas narrativas conhecidas e dos tipos de amor que conheci. Os estilos afetivos que definem as nossas relações adultas são determinados nessa primeira relação, não é mesmo? Senti várias vezes o choque de não ter mais acesso a um amor. Não importa quem quis se separar. Parece um crime contra a natureza. Continuar a viver na presença daquele corpo seria uma espécie de tortura. Deve ter sido assim para ela. Deve ter sido assim que Deméter se sentiu ao ver Perséfone sendo levada naquela carruagem negra, a terra se abrindo para engoli-la.

II. Nesteia

Passei aquele sábado na biblioteca com Tracy. Foi o que eu disse a ela. Quando entrei no carro à tardinha, o sol estava a meio caminho de se pôr atrás dos edifícios na cidade. O calor da tarde de primavera esfriou com a brisa que soprava do porto ali perto, trazendo o tilintar suave do sino de uma boia de sinalização. Escorrego para o banco do passageiro, coloco o cinto de segurança e me despeço de Tracy. Ela se vira para ir para casa. Minha mãe e eu acompanhamos com o olhar a ponta da camiseta dela balançando com o vento, as costas tão retas que lembram o andar de um robô, como Josh bem havia observado uma vez enquanto apalpava minha calcinha, a respiração quente no meu pescoço. O foco da minha mãe se voltou para mim.

– Você cheira a sexo, Melissa – ela disse.

Sua voz não demonstrava raiva, surpresa ou crueldade, apenas cansaço. Era um apelo.

– Por favor – ela disse. – Apenas diga a verdade. Eu sei o que está acontecendo. Vamos fazer isso juntas.

Foi fácil fingir que o choque da humilhação era apenas incredulidade. Já tinha feito isso antes e ambas sabíamos disso.

– Nunca fiz sexo – respondi.

Eu acreditava mesmo nisso.

Minha mãe entrou, engatou a primeira marcha e se dirigiu à saída do estacionamento. "Sexo não é apenas penetração", ela disse. Fomos para casa em silêncio.

Não lembro se tivemos uma conversa sobre confiança naquela noite. Fizemos isso muitas vezes antes, minha mãe tentando chegar a um entendimento, criar um canal de comunicação em meio à distância estabelecida entre nós. Quando se perde a confiança, explicava minha mãe, ela precisa ser reconstruída. Mas a santidade da nossa confiança não tinha valor para mim, então a perda de confiança passou a significar a perda de determinados privilégios. Não funcionou. Ela não queria revogar minhas liberdades, queria que eu voltasse para casa, para ela. Talvez eu soubesse disso. Se não gostava da distância que minhas mentiras criavam, ia gostar menos ainda do silêncio e do mau humor, da porta do quarto fechada. Obviamente, ganhei. Cada uma tinha algo que a outra queria, mas só eu tinha convicção.

Quantas vezes ela podia me chamar de mentirosa, ou acreditar que eu era mesmo mentirosa? Fui implacável na minha recusa em reconhecer o que ambas sabíamos. Dormi na casa de amigas, onde irmãos mais velhos me persuadiam a entrar com eles em armários tipo *closet* ou me encontravam na cozinha à meia-noite com um copo de água na mão. Acompanhei entregas de drogas com a mãe de um amigo que era traficante. Deixei garotos entrarem escondidos em meu quarto, ou encontrei com eles atrás de cinemas. Homens adultos me apalpavam nos quintais e porões, nas docas e vãos de portas, e não havia nada que ela pudesse fazer.

O Rapto de Perséfone é retratado por centenas de artistas ao longo dos séculos. A palavra *rapto* significa *abdução*. Na maioria dos quadros, Perséfone se contorce nos braços de Hades, girando o corpo delicado para longe de seus braços musculosos, as coxas voluptuosas em primeiro plano. Na famosa escultura barroca de Gian Lorenzo Bernini, os dedos de Hades pressionam as coxas e a cintura de Perséfone, fazendo o mármore branco ceder como se fosse a carne humana. As mãos dela em geral empurram a cabeça e o rosto dele, num movimento que lembra a reação de uma vítima de estupro. Algumas obras, mais que outras, parecem uma cena de violação. No quadro *O rapto de Perséfone*, de Rembrandt, conforme a carruagem mergulha na bruma revolta rumo à escuridão, e as oceânides se agarram às roupas de seda de Perséfone, Hades segura a perna dela ao redor de sua pélvis, embora seu vestido esconda o resto.

Minha mãe temia que eu fosse violentada. Era um perigo real. Em retrospecto, fico surpresa que isso não tenha acontecido. Talvez porque fosse algo que eu temesse tanto quanto ela. Ou porque muitas vezes me rendi àqueles que teriam me forçado.

Deve ter sido como um rapto para ela, como se alguém tivesse roubado sua filha e a substituído por uma bacante. Decidi sair de casa e buscar lugares onde homens com coxas musculosas pudessem colocar as mãos em mim, mas eu ainda era uma menina. Quem, então, foi o meu sequestrador? Podemos chamá-lo de Hades, o desejo que me preencheu como fumaça e que expulsou todo o resto? Eu estava apavorada, é verdade, mas o acompanhei. Talvez essa tenha sido a parte mais assustadora.

No ritual de casamentos espartanos amplamente adotado em toda a Grécia, o noivo devia segurar no colo sua voluptuosa noiva e "raptá-la" numa carruagem, num perfeito simulacro do rapto de Perséfone.

Todos conhecemos o fascínio de um amante relutante. Mas e quando nosso próprio coração está dividido? Minha ambivalência me atormentava e me compelia. Eros era como um motor zunindo dentro de mim, me levando para longe de casa, rumo às trevas. Eu sabia que era perigoso, mas não conseguia entender a diferença entre meu medo e meu desejo – ambos excitavam meu corpo, já um estranho para mim. As filhas deviam supostamente deixar suas mães para experimentar a escuridão em busca da intumescência masculina, e então resistir a ela. Minha mãe deve ter pressentido isso e torcido para ser poupada.

Mas minha mãe amada não era também minha captora? Não foi contra os braços dela que lutei com maior ferocidade? Como a noiva espartana, meu coração teria se despedaçado se ela tivesse realmente me deixado ir. Uma filha é acima de tudo casada com sua mãe.

No *Hino Homérico a Deméter*, o autor diz que "durante nove dias Deméter/andou errante pela Terra, segurando tochas ardentes nas mãos". Depois disso, ela assume a forma humana e vira a guardiã de um garoto de Elêusis, a quem tenta tornar imortal, mas fracassa.

Minha mãe se tornou uma psicoterapeuta. Em determinada ocasião, ela arranjou uma amante de longos cabelos louros que nos amava enquanto minha mãe ia e voltava da cidade num ônibus da Greyhound com um processador de texto apoiado no colo.

O trabalho de uma terapeuta é entender exatamente esse tipo de coisa. O trabalho de uma terapeuta não é tão diferente do de uma mãe, embora seja mais seguro. É uma colaboração e envolve cuidado, mas não é simbiótico. Não é recíproco em sua necessidade. Seus pacientes podem ser crianças de Elêusis que não venham nunca a ser imortais, mas ela as ajudou como eu nunca seria ajudada.

Quando avisei, poucos meses antes de completar 19 anos, que ia me mudar, ela não tentou me impedir. Eu sabia que ela não queria que eu fosse embora. "Talvez devesse ter tentado impedi-la", ela tem repetido com frequência. "Mas fiquei com medo de perder você para sempre."

Tento me lembrar. Eu sentia a tensão entre nós e sabia que ela poderia ser suavizada. Quando saí de casa, as coisas já estavam mais amenas. Será que, se ela tivesse contestado, eu teria ido embora? Acho que não, embora aquele fosse o desejo do meu eu adulto para a garota que eu era. De qualquer forma, eu teria encontrado os submundos que vieram depois.

Hades concordou em devolver Perséfone à mãe. Zeus insistiu e ele capitulou, mas com uma condição: se Perséfone provasse algum alimento do submundo, seria obrigada a voltar para Hades durante a metade do ano. Será que Perséfone sabia disso? Sim e não. Em algumas versões, ela se acha esperta o suficiente para escapar dele, provar o alimento e ainda assim voltar para casa. Os mitos são muito falhos, com muitas interações e mutações, a maioria não registrada pela cronologia. Um mito é a memória de uma história através dos tempos. Como qualquer memória, ela muda. Às vezes por vontade, ou por necessidade, ou esquecimento, ou mesmo por uma questão estética.

As sementes de romã eram tão lindas, pareciam rubis e eram tão doces. Em todas as versões da história, ela come as sementes.

Meu início não se deu com a heroína. Comecei com a metanfetamina, embora a chamássemos de *cristal*, pois soava muito mais bonito do que os pedaços de papel-alumínio chamuscado que se acumulavam em nosso apartamento, ou o cheiro de queimado entranhado no ar, como se o forno tivesse ficado ligado por muito tempo.

Imagino a primeira temporada de Perséfone no inferno. Então telefono para casa. "Desculpe não ter ligado antes. Tenho estado ocupada com as aulas. Estou fazendo amizades incríveis."

Minhas mentiras eram meias verdades. Eu estava de fato indo às aulas e tinha feito amizades. Eu tinha um emprego e um colchão cheirando a urina de gato que ficava na área de serviço e me custava apenas 150 dólares por mês. Minha mãe teria pagado mais por isso. Assim, ela teria direito a saber um pouco mais da verdade.

Quando eu andava naquele mesmo ônibus da Greyhound para voltar para casa, e comia sua comida quentinha e pensava na minha infância, exuberante e plena de vida, era como se tivesse saindo do submundo para a luz dourada da Terra. Sentia muita falta disso. Eu podia ter esperado um pouco mais para sair. Mas havia uma inquietação em mim, como um desejo, como uma fome, por determinados tipos de amor.

Imagino Perséfone apaixonada por ele. Será que isso é tão impossível assim? Nós temos o hábito de amar as coisas que nos fascinam. Muitas vezes tememos aqueles que amamos. Imagino que eu daria um jeito se tivesse que ficar metade da minha vida presa a alguém. Não, metade da eternidade. Ela era imortal. Nem a morte permitiria que ela escapasse dele.

Era Natal ou Dia de Ação de Graças. Minha mãe, meu irmão e eu demos as mãos ao redor da mesa, a comida quente diante de nós, cercada por nossos braços. Apertávamos os dedos um do outro, depois pressionávamos os polegares nas palmas da mão um do outro. Uma pequena tríade que já teve momentos de tristeza e de força na ausência de meu pai. Que tinha se amado com fervor, e ainda se amava.

Depois da louça lavada, minha mãe desabou no sofá e sorriu para nós. Ela estava muito feliz por eu estar em casa.

– Que tal jogarmos alguma coisa? Ou assistirmos a um filme?

– Preciso de seu carro emprestado – eu disse.

Mal aguento me lembrar da expressão no rosto dela. Foi como se eu tivesse despedaçado seu coração e o jogado fora.

– Aonde você precisaria ir à noite de hoje?

Não me lembro do que respondi, só me lembro de que ela me emprestou o carro e do quanto me doeu ir embora. Fechei a porta e algo se rompeu dentro de mim, como um tecido rasgado que ainda não foi remendado. Mesmo assim, logo acendi um cigarro no escuro e saí da nossa rua em direção à rodovia. Imagino que é assim que se sente um homem deixando a família para ir encontrar a amante. Eu me sentia metade pai, metade marido. Talvez toda filha se sinta assim de certa forma. Ou só aquelas cujos pais foram embora.

*

Não contei a ela que tinha parado de me drogar, parei com tudo. Ela nunca soube que eu havia começado a usar drogas. Ela sabia apenas o que via e isso já era ruim o suficiente. Não é possível rastejar até sua mãe vindo do inferno e não parecer que veio de lá. Se eu dissesse a ela que não precisava mais se preocupar, teria que contar por que ela teria que se preocupar. Teria que ser feito de uma vez. E se Perséfone tivesse contado a Deméter não apenas o que aconteceu no inferno, mas que ela *poderia* voltar para casa para sempre? Que filha faria isso? Além do mais, havia muito mais no submundo do que apenas heroína.

Já tinha um ano que eu trabalhava como dominatrix quando minha mãe veio me visitar em Nova York. Ela sabia o que eu fazia. Aquele trabalho tinha um propósito feminista sem sexo. Puro ativismo. Ou, no mínimo, uma encenação, um teatro mesmo. Como tantas vezes antes, ela não me confrontou a respeito.

Uma noite, estávamos saindo para jantar quando ela viu um chicote e um vibrador pendurados atrás da porta do meu quarto. Não acho que queria que ela tivesse visto aquilo. Eu era mesmo muito descuidada.

– Eu sei o que eles te obrigam a fazer com aquilo – ela disse, brava.

Fiquei calada. Para evitar a dor que aquilo causa nela agora, penso em como teria sido fácil dizer, alguns anos mais tarde, que aqueles itens eram apenas para o meu uso pessoal. Teria sido constrangedor, mas bem menos doloroso. Mas não fiz isso alguns anos depois e não era para o meu uso pessoal. Será que ela sabia mesmo o que eles me "obrigavam" a fazer com aquilo? Provavelmente. Não quero nem imaginar como ela aprendeu.

Não é que não falávamos sobre sexo. Às vezes falávamos. Não falávamos sobre as coisas que eu determinava. Havia partes de mim que ela poderia achar indecifráveis. Coisas que ela poderia reprovar ou simplesmente que iriam deixá-la magoada, ou que não pudessem ser nomeadas.

"Ele não é tão ruim assim, mamãe", Perséfone teria dito. "É difícil de explicar, mas aqui embaixo existe um outro mundo. Que também faz parte da minha casa."

No entanto, consigo entender por que ela não conversaria sobre tudo isso.

Em outro feriado, depois do jantar, todos nós estávamos desmaiados no sofá, sonolentos de tanto comer.

– Preciso de seu carro emprestado – eu disse.

Seu rosto suplicante, tão lindo, tão triste.

– Aonde você vai?

Respirei fundo.

– Tenho que ir a um encontro – respondi.

Depois, tive de explicar a ela como foi.

– Foi péssimo.

Ela queria saber o quanto foi ruim ou pensava que tivesse sido.

– Ruim – eu disse.

Não contei quase nada a ela e ainda assim aquilo a magoou.

– Tudo faz muito mais sentido agora – ela afirmou, o rosto demonstrando um enorme cansaço.

Eu queria voltar atrás e retirar tudo o que tinha dito.

Quanto de nossa vida devemos contar a quem amamos tanto, a quem queremos proteger? Será que é pior quando eles descobrem mais tarde, quando já estamos do outro lado em segurança? Detesto ver minha mãe analisando o passado, tentando resolver o quebra-cabeça de minhas inconsistências com as peças que ocultei dela. As mentiras fazem de tolas as pessoas que amamos. Trata-se de uma equação delicada, protegendo-as à custa de sua traição. É como hipotecar de novo a casa para pagar o carro. Eu também estava sempre me protegendo. Havia coisas que eu já não conseguia acreditar se tivesse de dizê-las em voz alta. Só poderia dizer a verdade a ela quando a enfrentasse.

Três anos depois, enviei a ela o livro que escrevi.

– Não ligue para mim até terminar de ler o livro.

O livro revelava todas as coisas que eu nunca contei a ela sobre a heroína e os aspectos daquele trabalho que nada tinham a ver com ativismo feminista, muito menos com interpretação teatral.

– Leve o tempo que precisar – acrescentei, torcendo para que ela não precisasse falar comigo sobre o que sentiu ao ler aquelas coisas.

Ela concordou.

O telefone tocou na manhã seguinte, às 7 da manhã.

– Mãe? Não era para você ligar só quando acabasse de ler?

– Eu acabei.

– Sério?

– Não consegui parar de ler. Tentei deixar o livro de lado, apaguei a luz para dormir, mas por várias vezes acabei acendendo a luz e lendo mais um pouco, e assim foi até terminar.

– Por quê?

– Eu precisava saber que você ia ficar bem.

Tinha sido a coisa mais difícil que ela já lera na vida, ela disse. Em sua opinião, era uma obra-prima.

Nos anos seguintes, às vezes ela me contava as coisas constrangedoras que suas colegas de trabalho falavam sobre o livro, as formas que arranjou para explicar o meu passado e o que não conseguiu explicar.

– Tive minha própria experiência com isso – uma vez ela comentou.

Sabia que ela queria que eu abrisse espaço para contar o quanto tinha sido difícil para ela também. A vivência e a narrativa. Decidi contar ao mundo as coisas sobre as quais não conseguia falar. Fazendo isso, eu me forcei a conversar sobre elas, embora mal conseguisse tocar no assunto com minha mãe. Minha decisão revelou essas coisas para ela e ao mesmo tempo a obrigou a também ter essa conversa com o mundo. Mais injusto ainda, eu não queria saber nada sobre isso. Não suportava nem sequer ouvir falar.

Dez anos depois, tive uma namorada que me enchia de presentes e grandes demonstrações de carinho. Ela queria que eu estivesse sempre pensando nela. Quando estava, ela me recompensava. Quando não estava, ela me punia, em geral se afastando. Quando ela se afastava, eu sentia uma pitada daquela desagregação, daquela saudade doentia. Era um tormento. Um círculo vicioso com meu consentimento.

A primeira vez que levei essa namorada em casa, ela não olhou para minha mãe. Só tinha olhos para mim. Durante o jantar, ela respondeu a perguntas, mas não fez nenhuma. Os olhos dela buscavam os meus como se estivessem tomando conta de algo lá. Para mim, foi difícil olhar para qualquer outro lugar.

– Ela é tão fixada em você – comentou minha mãe. – É estranho.

Minha namorada levou um presente para minha mãe, um colar feito de contas de lavanda, macio como o interior de um marisco. No quarto, ela tirou uma caixinha da mala e a entregou a mim.

– Dê isso a sua mãe – ela disse.

– Mas o presente é seu – respondi.

– É melhor você dar a ela – ela insistiu.

Eu sabia que minha mãe também acharia isso estranho. Tão estranho quanto minha namorada olhar fixamente só para mim. Tão estranho quanto ela precisar ficar sozinha comigo por tanto tempo durante uma visita tão curta.

– Vamos dar a ela juntas – eu disse.

Nos meses seguintes à nossa separação, foi tentador interpretar esse comportamento de minha namorada como sinal da consciência culpada dela. Mas não acho que ela se conhecia o suficiente para sentir culpa diante de minha mãe. É mais provável que encarasse minha mãe como uma concorrente. Suspeito que ela temia que minha mãe visse algo nela que eu ainda não conseguia ver. Minha mãe viu. Ainda assim, amei aquela mulher por dois anos. Dois anos durante os quais me afastei de minha mãe quase totalmente. Não conseguia ver o que estava acontecendo comigo, não queria ver. Assim como minha namorada, eu me recusei a olhar para minha mãe. Não queria ver o que ela via.

Liguei algumas vezes para ela chorando. Também fiz isso quando estava usando heroína.

– Você acha que sou uma boa pessoa? – perguntei.

– É claro – ela respondeu.

Dava para sentir o quanto ela ainda queria me ajudar. Desliguei o telefone. Sentia muitas saudades dela, mais do que nunca.

Na manhã em que finalmente decidi me separar daquela namorada, liguei para minha mãe. Desta vez, não esperei três anos para escrever um livro sobre isso e então enviá-lo para ela ler.

– Estou me separando – eu disse. – Tem sido muito pior do que te falei.

– Pior como? – ela me perguntou, e eu contei. – Por que não me disse nada? – ela questionou.

– Não sei – respondi, chorando. – E se tivesse contado e depois não conseguisse me separar?

Ela ficou calada por um momento.

– Você acha que eu usaria isso contra você?

Chorei de soluçar e cobri meus olhos com a mão.

– Saiba de uma coisa. Você nunca poderia me perder. Vou te amar todos os dias de sua vida. Não há nada que você possa fazer para que eu pare de amar você – ela disse, com a voz forte e inabalável, como se estivesse segurando meu queixo.

Não respondi.

– Você me ouviu?

III. Kalligeneia

Quando enviei meu segundo livro para minha mãe, tivemos uma conversa de horas. Expliquei que minha escrita criou um lugar que me permitia observar e falar com partes de mim mesma que de outra forma eu não tinha acesso. Ela me explicou que isso era exatamente o que seu método terapêutico oferecia aos pacientes. Já tínhamos falado sobre isso antes, mas nunca com tanta profundidade.

Alguns meses depois, palestramos para uma sala lotada de terapeutas na conferência da qual minha mãe participa todos os anos. Ela começou o workshop explicando o modelo clínico que usava em seu consultório e nas viagens internacionais que fazia para ministrar treinamentos para outros terapeutas. Era impossível não prestar atenção nela. Ela era calorosa, divertida e carismática. Dava para entender por que nossa caixa de correio está sempre cheia de cartões com palavras de gratidão de pacientes que ela não atende há décadas. Quando ela terminou a palestra, me levantei e falei um pouco sobre como a escrita me permitia rever as partes mais dolorosas do passado e encontrar novos significados e a cura. Depois, sugeri um exercício baseado no método terapêutico de minha mãe para mostrar como isso funcionava. Os terapeutas escreveram em seus cadernos e depois convidei alguns para compartilharem o que tinham escrito. Conforme eles liam, o grupo ria e concordava com a cabeça. Algumas pessoas choravam.

Durante todo aquele fim de semana, as pessoas nos cumprimentaram e elogiaram o nosso trabalho conjunto. Ficaram surpresas com nossa parceria. "Isso é tão excepcional", diziam. "De quem foi a ideia?"

"Dela", eu respondia.

Há uma versão mais antiga da história de Deméter. Como as memórias das histórias são alteradas a cada narração, vão se transformando de forma permanente a cada conquista, a cada colonizador, a cada assimilação de um povo pelo outro. Esta existia antes das versões gregas ou romanas que conhecemos tão bem e acredita-se ter origem num sistema de mitologia com foco no matriarcado, possivelmente uma sociedade cujos valores ela refletia.

Não havia estupro nem sequestro. A mãe, deusa do ciclo de vida e morte, passava livre do submundo para a Terra, recebendo aqueles que morriam na passagem de um mundo para outro. Sua filha, segundo algumas versões, era basicamente a versão jovem daquela deusa, com os mesmos poderes. Outras versões dizem que Perséfone é, e sempre foi, uma deusa muito antiga do submundo.

Eu costumava ficar assustada por querer coisas que a minha mãe não podia compreender. Acho que ambas temíamos as nossas diferenças. Ao esconder isso dela, criei exatamente o que desejava evitar. Não é que eu devesse ter lhe contado tudo – isso teria sido cruel. Embora pudesse ter confiado mais nela, a versão mais jovem da nossa história, aquela que carreguei comigo a maior parte da vida, a que contei quase por completo aqui, também é verdadeira: eu me magoei e a magoei repetidas vezes. Mas, como o antigo mito, há outra versão mais sensata.

Não é que Perséfone tivesse que voltar para casa. Ela já está em casa. A história é usada para explicar o ciclo das estações, o ciclo da vida. O tempo que ela passa na escuridão não é uma aberração da natureza, mas sua representação. Passei a ver o meu tempo da mesma forma. Como Perséfone, meu lado sombrio se tornou meu trabalho nesta Terra. Volto à minha mãe várias vezes e os dois reinos são o meu lar. Não existe Hades, o raptor. Só eu existo. Não há nada lá embaixo que eu não tenha encontrado em mim mesma. Fico feliz por ter entendido que não preciso esconder isso dela. Ajuda muito o fato de que a escuridão agora tenha menos chance do que nunca de me destruir.

Posso viver com essas duas histórias. Há espaço para uma na outra. Primeiro, o sacrifício feito no primeiro dia das Tesmofórias, a violência ritual de Kathodos. A outra, recuperada no terceiro dia, de Kalligeneia, espalhada pelos campos. O sacrifício se transforma em colheita. Todas as minhas violências podem ser vistas assim: uma queda, uma ascensão, uma semeadura. Se semearmos, todo sacrifício pode se tornar uma colheita.

Do lado de fora da janela do minúsculo apartamento, o trânsito de Roma zunia e eu olhava para o telefone, sentindo o pavor aumentar dentro de mim. Percebi que podia destruir a viagem toda por causa disso e me castigar todos os dias por meu erro com as datas trocadas. Mas não precisava fazer isso. A parte de mim que temia que meu vínculo com minha mãe fosse frágil demais para aguentar mais este golpe era a parte jovem. Tive que contar esta nova história a essa parte jovem de mim. Tive que dizer a ela que não havia nada que eu pudesse fazer para que minha mãe deixasse de me amar. Jurei que era verdade e então liguei para minha mãe.

Ela estava irritada, é claro, e decepcionada, mas no final da ligação estávamos rindo.

Alguns dias depois, telefonei para ela da cidade onde sua avó nasceu.

– Você vai adorar isto aqui – afirmei.

Há uma diferença entre o medo de aborrecer alguém que te ama e o perigo de perder essa pessoa. Por muito tempo, eu não conseguia separar essas duas situações. Tive que me esforçar para entender a diferença entre a dor de magoar aqueles que amo e o medo de perdê-los. Magoar as pessoas que amamos é algo inevitável, mas dá para sobreviver. Gostaria de ter feito menos isso, mas, independentemente do quanto fiz, sei que nunca a perderia.

*

Um ano depois, fui buscá-la no aeroporto de Nápoles e descemos de carro até a cidade natal de sua avó. Durante duas semanas, comemos tomates frescos e mozarela e caminhamos pelas ruas pelas quais sua avó circulou um dia. Voltamos pela sinuosa estrada da Costa Amalfitana e só causei um pequeno arranhão no carro alugado.

Enquanto eu dirigia, mamãe filmava com meu telefone as lindíssimas águas azuis que ondulavam logo abaixo, a um passo da beira da estrada, com os pássaros ao redor que pareciam nos seguir e as pequenas aldeias encrustadas na encosta. Era assustador e lindo, como todas as minhas viagens favoritas.

De volta para casa, escolhi as melhores fotos, apaguei as que estavam repetidas e sorri diante de nossos rostos felizes. Quando reproduzi o vídeo, apareceu o piso áspero do Fiat alugado e seu pé na sandália, largo e forte como o meu. As conversas foram gravadas com nitidez, os comentários sobre o cenário estavam claros, mas percebi que ela segurou a câmera do telefone o tempo todo de cabeça para baixo. Dei uma bufada e continuei vendo mamãe mexendo o pé enquanto comentávamos sobre um ônibus que passava. Depois, fechei os olhos e resolvi curtir nossa conversa animada, que pulava de assunto a todo momento, e também nossos suspiros com as velozes ultrapassagens que as motocicletas faziam nas curvas de 90 graus, as nossas risadas ecoando sem parar.

Xanadu

Por Alexander Chee

Fomos autorizados a dar nosso depoimento sozinhos, numa sala. O depoimento seria gravado porque éramos menores de idade. Enquanto esperava com os outros garotos, um amigo meu disse, com um encolher de ombros: "Deixei ele me fazer um boquete". Ele se recostou na cadeira depois de falar isso e estendeu as mãos. "Tudo bem, estou legal, não me chateou."

Concordei com a cabeça e me perguntei se me sentia da mesma maneira.

Tínhamos 15 anos, quase 16. Frequentávamos o mesmo coral de meninos há anos e tínhamos acabado de sair porque nossa voz estava diferente. Vi que meus colegas do coral tiveram de mudar de escola quando os detalhes saíram na imprensa. Já sabia que as pessoas tratavam as vítimas, ou seja, nós, como se também fôssemos criminosos e constatei que todo mundo tem uma opinião quando descobre que você sofreu abuso sexual. Todos acham que teriam lidado melhor com a situação e esperam que você responda às suas perguntas para confirmar isso. Ter coragem de assumir o que aconteceu, sobretudo se você é um menino, é ouvir implícita e explicitamente que você falhou.

Concordei em ser testemunha, mas não me identifiquei como uma vítima. O diretor estava enfrentando quinze acusações.

Tentei usar o mesmo tom de voz de meu amigo. Repeti até mesmo o que ele disse.

Não foi tão ruim assim. Sabia que estava mentindo para mim mesmo, assim como ele. Não ia contar essa mentira, pelo menos não ainda. Mas podia ficar de fora.

Eu teria que pensar nisso um ano depois, quando tive que convencer esse amigo a não cometer suicídio dizendo que ele não era gay.

Posso dizer que ele era meu amigo, mas não existe uma palavra ou explicação que defina o que significávamos um para o outro. Também tínhamos um relacionamento sexual na época em que estávamos prestes a dar nossos testemunhos. Uma relação que começou na frente do diretor, para agradá-lo, numa viagem para um acampamento. Meses depois, o relacionamento continuou, como se precisássemos que o tempo passasse. Jogávamos *Dungeons & Dragons*, ele sempre como o Paladino e eu como o Mago. Não estava apaixonado por ele, mas o amava – ainda amo, apesar de não saber como chamar o que tínhamos descoberto. Às vezes, eu me referia a ele como meu primeiro namorado, mas não andávamos de mãos dadas nem fomos ao baile de formatura como namorados – na verdade, estávamos acompanhados por garotas. O que um dia começou sem palavras parecia mais real para mim naqueles momentos. Nunca definimos nada. Um ou outro sugeria um encontro, mas isso não significava nada. Às vezes me pergunto se estávamos consolando um ao outro, mas não sei dizer por que quase nunca conversávamos sobre o que estávamos vivendo. A confissão dele na sala de espera sobre o que aconteceu naquele dia não me chocou, pois vi o que ele estava falando acontecer bem na minha frente.

Na época, eu e meus amigos do coral tínhamos o hábito de fazer desenhos de bases militares cheios de detalhes, soldados, armas, aviões e submarinos – ou seja, uma coisa irreal, impossível de existir. Olhando em retrospecto, acho que o coro era assim. Ou eu era assim. Cheio de segredos complicados demais para serem explicados. Talvez um mapa possa explicar tudo. Este texto é a primeira tentativa de criar um.

Entrei no coral aos 11 anos. As primeiras abordagens do diretor começaram quando eu tinha 12 anos e focaram no orgulho que eu sentia por ser uma criança precoce, mas também na vergonha por ser birracial e *queer*, um excluído social no colégio. Ele estimulou desde o começo a crença que eu tinha de ser mais talentoso e maduro intelectualmente do que meus colegas, e também mais desenvolvido em termos emocionais. Eu recebia elogios por minha voz e capacidade de ler partitura visual na audição e fui escolhido como líder de seção e depois como solista. Isso significava ensaiar a sós com o diretor. Eu confiava nele porque me fazia sentir importante, até mesmo superior, num momento em que me sentia abandonado pelo mundo. Quando digo isso, quero lembrar que eu era uma criança coreano-americana birracial numa cidade que não parecia acreditar que pessoas de etnias diferentes pudessem se casar, muito menos ter um filho. Sempre me senti como uma aberração, que chamava demais a atenção pelas razões erradas, o que equivale a não ser visto.

Eu tinha voz de soprano, com extensão de três oitavas e capacidade de sustentar notas altas, e conseguia mesclar essa voz com as das pessoas ao redor. Como conseguia ler as partituras e cantá-las de modo razoável sem nunca ter ensaiado antes, eu era valioso para o aprendizado da música, mas logo descobri que, independentemente do racismo de meus colegas, ali eu era aceito como um líder. Fiquei popular e conquistei o carinho dos amigos, embora na escola ainda fosse alvo de assédio e rejeição. No coral, no entanto, era cercado de amigos. Eu precisava fazer parte de um grupo mais do que imaginava na época, e o diretor sabia disso. Ele se apresentou a mim como se fosse o único capaz de oferecer isso. Agora sei que o que ele fez se chama *aliciamento de vítima*. Esse coral cheio de meninos talentosos, muitos rejeitados e *queer* como eu, foi por um curto tempo um paraíso e também uma armadilha. Uma armadilha preparada para todos nós.

Todos os dias, quando ia para o ensaio, a sensação era de que estava fugindo de casa e indo para o que parecia ser o único lugar no mundo que me aceitava e cuidava de mim. À medida que cantávamos para públicos cada vez maiores, os aplausos soavam como um reconhecimento que nunca imaginei sentir.

*

Os crimes do diretor foram revelados no mesmo ano em que choramos a morte de meu pai, que morreu num dia de janeiro quase três anos depois de sofrer um acidente de carro – quase o tempo todo em que estive no coro. Nessa época, já era o braço direito da minha mãe, posição que assumi no dia em que o hospital telefonou avisando que meu pai tinha sofrido um acidente de carro. Ela saiu para acompanhá-lo no hospital e nos deixou em casa até que tivesse mais informações. Não me lembro de ter conseguido fazer nada além de ficar na sala, olhando para o telefone, esperando a ligação dela. Entre a chegada do amigo da família que tomaria conta de nós e a saída de minha mãe, soube que tinha chegado a hora sobre a qual meu pai tinha falado quando me avisou que, se alguma coisa acontecesse com ele, eu seria o homem da família, e algo em mim mudou naquele momento.

Quando o telefone tocou, o aparelho pulou no ar e voou na minha direção como se eu o tivesse atraído com a força da minha mente. A telecinesia, que eu tanto sonhava desenvolver quando lia histórias em quadrinhos, de repente surgiu, como se fosse acionada por uma situação tensa, assim como nos gibis. Se foi isso, aparentemente eu a reprimi de imediato porque nunca mais aconteceu.

Quando atendi o telefone, minha mãe mal conseguia contar o que estava acontecendo e entendi que estávamos em um mundo novo.

Meu pai estava no banco do carona no carro do sócio, que sofreu uma colisão frontal; apesar de ter ficado menos ferido, o amigo dele morreu alguns dias depois. Meu pai ficou em coma por três meses. Nós nos revezávamos no hospital para ler para ele, pois disseram que nossa voz o ajudaria a recobrar a consciência. Não lembro qual era o livro, apenas da inversão de papéis: o homem que costumava me contar histórias agora me ouvia em estado de coma, como se minha voz pudesse guiá-lo. O que eu não podia dizer a ninguém naquelas circunstâncias, enquanto lia para ele, era tão avassalador quanto a minha vida: eu me culpava pelo acidente do meu pai.

No outono do ano anterior, eu tinha pedido para faltar ao treino de natação para poder ir patinar com os Lobinhos. Eu não era um patinador experiente, mas meu filme favorito era *Xanadu*, e eu queria patinar e me imaginar cantando as músicas do filme, iluminado como Olivia Newton-John – secretamente, eu me imaginava no papel dela. Mas, em vez disso, naquela noite eu caí em cima do braço durante a patinação e, quando me levantei, vi que estava torto como um galho de árvore. Soltei um grito que só alguém com uma voz de soprano conseguiria, um grito que parou a música na pista e, na minha memória, havia um foco de luz no meu braço antes de eu começar a gritar, momento em que os outros patinadores pararam para olhar horrorizados.

Minha mãe, a caminho da pista de patinação, deu passagem para a ambulância, imaginando quem havia se ferido.

No hospital, lembro-me do médico colocar meu braço no lugar e dizer que o aparelho em que estava inserindo os meus dedos era como um dispositivo medieval de tortura, criado para ser usado em interrogatórios, mas que agora ajudava a manter os ossos quebrados no lugar para que se consolidassem adequadamente. O antigo aparelho de tortura deixou meu braço retinho. Fiz um raio-X, colocaram o gesso e logo fui para casa, arrependido e letárgico por causa dos remédios contra a dor. Nos dias seguintes, soube que meu técnico de natação ficou furioso por eu não poder mais treinar. Também não íamos mais à Flórida de férias, pois eu só ia conseguir encher meu gesso de areia.

Na noite do acidente do meu pai, quando o carro em que ele estava deslizou na neve e bateu de frente no carro que vinha na pista contrária, eu disse a mim mesmo que deveríamos estar em segurança numa praia e nunca me esqueci disso. Esperei que me acusassem. Meu braço ainda estava engessado, com coceira e estranho, mas ninguém me disse nada.

Trinta e cinco anos se passaram antes de eu contar isso à minha mãe. Eu tinha enfim entendido que minha teoria sobre o acidente era uma memória, mas uma memória em que eu não tinha certeza se devia confiar. A surpresa no rosto dela foi uma coisa terrível de se ver, como se eu tivesse me transformado num ser horrendo. "Nós cancelamos a viagem por causa do trabalho de seu pai, não por causa do seu braço. Nunca teríamos feito isso", ela disse. Tentei acreditar. Estava claro que pelo menos ela acreditava no que estava dizendo.

Será que inventei a conversa que eu tinha certeza de que me lembrava, na qual ela me dizia que a viagem tinha sido cancelada? Fazia sentido que meu braço quebrado não tivesse atrapalhado a viagem – afinal de contas, meu pai estava envolvido num contrato internacional multimilionário. Ele não sairia de férias com a família no meio disso. Era um contrato no qual estava apostando todas as suas fichas. Ele chegou a me levar para ver carros de luxo, pois estava se preparando para comprar um. Ou será que ele foi nos buscar na escola com um carrão desses enquanto fazia um *test drive*? Teve uma semana em que ele apareceu todo dia com um carro diferente. Num dia, era um Mercedes conversível branco com interior de couro vermelho. No outro dia, um Alfa Romeo. No outro, um Jaguar. Ele abria a porta dos carros com um sorriso no rosto, um sorriso de pura alegria. E então veio aquele inverno.

Anos depois, meus colegas confessaram que achavam que éramos ricos e que aqueles carros todos eram nossos.

Agora, em retrospectiva, entendo que, além da dor insuportável de seus ferimentos – com o lado inferior esquerdo do corpo paralisado, o acidente traçou uma linha divisória irregular bem no meio dele –, todos os seus sonhos também foram destruídos. Ele era um artista das artes marciais desde a infância, e seu condicionamento era tal que o levou a sobreviver ao acidente que matou o motorista, ferido com menos gravidade que ele. Ele treinou a vida inteira para sobreviver a qualquer coisa, e conseguiu, mas agora queria morrer.

Ele foi forte durante toda a minha vida. Tinha inclusive disputado comigo quem conseguia segurar mais o fôlego debaixo d'água apenas alguns meses antes, cruzando 45 metros, 65 metros sem respirar. Um homem que me ensinou a lutar boxe, que me fez estudar karatê e tae kwon do depois que as crianças me encurralaram na escola. O homem que me jogou no mar por chorar de medo e depois me ensinou a nadar contra a correnteza. "Você precisa nadar bem o suficiente para conseguir chegar à costa caso o barco comece a afundar", ele me disse.

Eu não sabia onde era a costa para o que estava sentindo.

Tenho 12 anos. Meu pai é meu herói e ele está inválido. Acredito que fui o culpado por isso, meu braço quebrado o colocou naquele carro. Acreditei nisso até quatro anos atrás.

Meu pai ficou três anos tentando se recuperar das lesões que acabaram provocando sua morte. No primeiro ano, quando ele acordou do coma, minha mãe improvisou um quarto onde antes era a nossa sala de estar. Ele estava zangado e deprimido, às vezes tinha ideias suicidas, então eu chegava da escola e ia vê-lo antes de fazer os deveres. Um primo da Coreia foi enviado pela família para morar conosco e lhe fazer companhia, um homem mais velho de quem eu gostava muito, embora parecesse impaciente. Ele assistia a telenovelas coreanas ou jogava cartas com meu pai, que fora um excelente jogador de pôquer, e isso dissipou um pouco da tristeza e fúria do meu pai. Nós nos esforçamos para que ele vivesse, mas ele não queria mais viver, e era difícil não ficar com a sensação de que tínhamos falhado com ele. Minha mãe me ensinou a fazer vários ensopados de carne moída: American chop suey, que era basicamente um macarrão com molho de tomate; Texas hash, que era a mesma coisa só que com arroz, e o estrogonofe de carne, que levava creme de leite e um pacote de creme de cogumelos em pó junto com a carne moída, e que também era servido com arroz. Minha mãe agora trabalhava na indústria de pesca. O contrato que meu pai vinha negociando não foi para a frente, e ela enfrentava dificuldades por ser uma mulher em um ramo dominado por homens. Ela chegava em casa exausta no final do dia e encontrava o homem que amava a ponto de desafiar a própria família e cultura para se casar com ele. As histórias de como seu trabalho a afastou da maior parte das mulheres que eram suas amigas, de como estava convencendo os homens que trabalhavam com meu pai, mas tinham que ser conquistados, ela as contava nesses momentos. Eu escutava, e às vezes massageava suas costas ou seus ombros enquanto ela se abria comigo, e lhe trazia um copo de uísque com gelo. Eu era, sou, um bom ouvinte para muita gente. Aprendi isso nessa fase.

Só nunca soube como contar a ela o que acontecia quando eu estava longe de casa.

Sou conhecido por falar quando todos os outros se calam, de dizer o que todos estão pensando, mas ninguém tem coragem de falar. Portanto, para mim é estranho não ter falado sobre isso, não ter dado a minha opinião. Quando olho para trás e me lembro do que aconteceu, para mim era como um paraíso secreto. O único prazer que eu tinha além da comida era cantar. Até que virou outro inferno, mas menos terrível.

Um ano se passou e a irmã de meu pai nos convenceu de que ia cuidar dele na casa dela. Ela insistiu que um médico perto da casa dela, em Massachusetts, podia ajudar na recuperação. Levamos meu pai e seu primo até lá, e por um ano ficamos indo e vindo para vê-lo. Um ano depois, quando enfim entendemos que o médico estava apenas fazendo experimentos com o meu pai e colocando-o em perigo, o trouxemos de volta para o Maine, dessa vez para uma clínica perto de nós, em Falmouth.

O coro se amplia e fica mais profissional. Por um breve período, senti-me orgulhoso da minha liderança e popularidade, mas, assim que o diretor teve o que queria de mim, essas características me tornaram uma ameaça para ele. Ele passou a me acusar de criar grupinhos com meus jogos de *Dungeons & Dragons* e estava determinado a me isolar socialmente. Ainda sou o líder da seção, mas não sou mais o solista. Minha estranha relação com meu amigo pertence agora ao cerne silencioso da minha vida, o mundo entre nós, o sexo feito sempre que podemos. O sofrimento do resto da minha vida desaparece nesses momentos. Minhas memórias dele ainda têm uma tonalidade diferente quando comparadas ao resto, como se tivessem sido vividas em outra dimensão.

Uma de minhas lembranças favoritas de verão foi a semana que passei na casa do lago dos pais dele. Saíamos para nadar no lago à noite, nos esbarrando casualmente na escuridão líquida. Apesar da memória de nossos encontros ter se apagado para mim, de alguma forma aquilo valeu a pena. Mas não digo isso a ele, então não sei como se sente. Às vezes, me pergunto o que teria acontecido se tivesse dito alguma coisa naquela época.

Os segredos escondidos em mim podem encher aquele lago, mas não... Eles permanecem comigo.

*

Agora tenho 15 anos. Passo meus dias como uma espécie de robô gentil, alguém cujo trabalho é apresentar uma versão de mim para realizar tudo que precisa ser feito. Mas, às vezes, surgem explosões, ataques de raiva. Numa briga com meu irmão, tento fazê-lo calar a boca e, quando não consigo, ajoelho em seu peito. Ainda posso ver o medo e a surpresa em seus olhos.

Em minha função de cozinheiro da casa, estou próximo da comida, então acabo comendo. Bagels com requeijão no café da manhã, pizza sabor pepperoni, hambúrguer ou cheeseburger no almoço, sanduíches de rosbife com queijo muenster, salsicha polonesa e ovos, presunto e cheddar derretido. Segundo um psiquiatra especializado em crianças, a comida é a nossa primeira experiência de autocuidado. Minha mãe marcou a consulta por causa da minha alimentação. Ganhei muito peso. O psiquiatra me pergunta se não me sinto amado, e não sei como responder a isso. Como pelo prazer, pelo prazer avassalador que sinto. Como porque sou mais esperto do que devia, sensível demais, *queer* demais, asiático demais, triste demais, barulhento demais, zangado demais, gordo demais. Como porque queria andar de patins, ser iluminado pelas luzes estroboscópicas da música disco, e isso acabou com o meu mundo e nunca vou conseguir escapar, embora pareça que sim. Como se a comida pudesse me ajudar a achar a saída desse inferno.

Quando, enfim, minha voz engrossa, sinto uma mudança em minha garganta, uma luta, como se algo estivesse morrendo. As notas altas de soprano que eu conseguia alcançar, a maneira como elas me iluminavam, minhas cordas vocais como filamentos de luz, tudo isso se dissipa e é difícil não sentir como se uma escuridão tomasse conta de mim. Pelo menos, a ausência dessa luz específica. Ainda posso ouvir, sentir o modo como as notas preenchiam minha cabeça e garganta, como o ar que eu prendia embaixo d'água. A vibração dos sons no meu corpo, que antes eu conseguia reproduzir em minha garganta, era basicamente uma maneira mais potente de estar vivo.

Só vou aprender a cantar com a minha voz adulta dali a trinta anos, quando me apaixonar por um homem que tem uma voz adulta tão linda quanto qualquer uma das estrelas pop que ele imitou na banda da escola. Iremos tanto ao karaokê naquele futuro distante que minha própria voz começará a reagir, como se estivesse indo aos ensaios novamente. Ainda não sinto que seja a mesma coisa. É como se eu tivesse uma voz que saiu e outra que chegou, não uma voz que mudou.

Quando dou meu depoimento, esta é a voz que uso. A voz nova. Descrevo as viagens, como ele escolhia um garoto para ser o favorito, daí fazia ensaios privados e ficava sozinho com ele para lhe ensinar o número solo. Não digo que sei disso porque ele fez isso comigo. Não digo que ele tentou me fazer sentir especial quando parecia que ninguém mais o faria, ou que aquele grupo de crianças, muitas delas gays, foi a minha primeira comunidade *queer*. Não digo que encontrei meu primeiro namorado lá e que isso me fez sentir conectado a este mundo quando nada mais fazia sentido. Não digo que muitos de nós eram escolhidos porque éramos muito parecidos – meninos que precisavam de alguém para se apoiar neste mundo, e que o deixariam fazer o que fez em troca disso. Garotos órfãos de pai, ou com pais ausentes. Garotos com mães que tentavam salvar suas casas. Digo que aconteceu com outras pessoas, ajo como se estivesse sendo cooperativo. Não digo que queria morrer por causa da culpa, por sentir que ajudei a fazer tudo isso acontecer, e que tudo aconteceu porque eu era gay.

Este depoimento foi um bom teste para eu não falar sobre a noite em que meu amigo me telefonou pedindo que eu dissesse que ele não era como eu, que não era gay. Ele completou dizendo que estava com a arma do pai e pronto para se matar se eu dissesse o contrário. "Me diga", ele pediu. "Fale que não sou como você." Eu falei. "Você não é como eu", repeti. "Você não é gay." Afinal, falamos sobre isso. Porque é melhor viver, não é mesmo? Pelo menos para ele. Não falo de todas as vezes que quase tentei suicídio, olhando para a faca na cozinha, sempre que cozinhava, desejando ter a coragem de subir as escadas, encher a banheira e cravar a lâmina em meu corpo. Em vez disso, tranco todas essas coisas em minha garganta, junto com todo o resto. Saio do tribunal, anos depois, pronto para explodir, como se fosse a bomba de uma guerra antiga, enterrada e esquecida, até finalmente reaparecer na superfície.

*

Vinte anos depois, estou em meu estúdio no Brooklyn, temeroso, olhando para o telefone que está na minha mão. Estamos no outono de 2001, na noite que antecede o lançamento de meu primeiro romance, e minha mãe combinou de vir para o lançamento no Workshop de Escritores Asiático-Americanos, em Nova York. Se eu não ligar para ela, vou ter que ler o livro na sua frente, uma história de sobrevivência ao abuso sexual e pedofilia, inspirada em fatos da minha infância. Eventos autobiográficos que nunca contei a ela. Ou seja, ela descobrirá tudo na noite seguinte em uma sala cheia de estranhos. Ela nunca me perdoará se eu fizer isso. Portanto, chegou a hora.

Poderia dizer que me lembro da conversa que tivemos ao telefone, do que eu disse, do que ela disse, mas estaria mentindo. Fiz a ligação, mas os contornos dessa conversa estão meio borrados, como se algo quente tivesse sido colocado sobre a memória e queimado. Lembro que ela ficou chocada e não entendeu por que nunca falei nada. Também não sei, mas agora percebo o motivo.

Nossa família passou por uma fase infernal e essa foi a minha maneira de sobreviver. Agora sei que nunca contei a ela porque tinha certeza de que a estava protegendo. Não é que eu tivesse vergonha do que aconteceu. Eu sabia que isso a entristeceria. Era outra tragédia, e eu era o seu braço direito. Ela precisava de mim. Eu não podia ter problemas também. Então, eu me escondi de mim mesmo dentro de uma tragédia menor para sobreviver. Ocultei-me por inteiro. Minha mãe, dia após dia, indo trabalhar no que representou o fim do sonho que meu pai teve anos antes, voltando para os três filhos, para o homem que amava, agora doente e desejando a morte. Ela precisava de mim.

O romance que dei a ela no dia seguinte detalha os segredos do abuso e tudo que ele significou. A história do acidente de meu pai, o desespero dele, sua morte e como sobrevivi a isso – nada disso está no livro, embora eu tenha tentado incluir. “Ninguém vai acreditar que tantas coisas ruins aconteceram com uma única pessoa", disse minha primeira agente, então tive que cortar essa parte do livro e inventar outras tragédias aparentemente mais críveis. Deixar essa parte de fora foi uma maneira de sobreviver a tudo isso, mesmo tantos anos depois. Escrever o livro me mostrou que só uma das tragédias era suportável, mesmo eu sabendo que sobrevivi a ambas.

Ao terminar de ler a história desse mundo que escondi dela todos esses anos, levanto a cabeça e encontro os olhos de minha mãe na plateia. Ela está sorrindo. Percebo o quanto é difícil para ela, mas sinto que está orgulhosa de mim. Mais orgulhosa do que nunca.

Foi assim que conseguimos ajudar um ao outro a sobreviver.

Alameda Minetta, 16

Por Dylan Landis

As esposas dos amigos do meu pai não passam as camisas dos maridos.

"Tenho certeza de que também não lavam o chão", diz minha mãe. Ela fala comigo, mas também através de mim. Estamos sozinhas no elevador do nosso prédio em Nova York, descendo até o porão, onde uma mulher chamada Flossie vai ensinar minha mãe, por 2 dólares, como passar uma camisa masculina.

Minha mãe me conta que as esposas são formadas em psicologia ou em serviço social e que atendem pacientes, como meu pai faz em nossa sala de estar.

"Vamos dizer apenas que tenho consciência disso", disse minha mãe ao entrarmos num longo labirinto de corredores.

Estamos em 1964 e eu tenho 8 anos. A escola pública onde estudo é tão rígida que as meninas não podem usar calças compridas, mesmo em dia de nevasca. Meu pai está escrevendo sua tese de psicologia, "Os Limites do Ego", que fantasio ser o nome de uma quarta pessoa misteriosa que mora em nosso apartamento. Meu pai me provoca dizendo que, quando eu crescer, vou fazer um doutorado e assumir o seu consultório, e também acredito nisso.

Ele não diz à minha mãe que ela vai fazer um doutorado.

Minha mãe é dona de casa.

Passamos por um corredor largo com portas trancadas com cadeado. A filha ruiva do zelador, Silda, *mora* aqui embaixo. Nós patinamos nos andares atapetados e espionamos Otto, o porteiro, que tem um número tatuado no braço e dorme em um depósito atrás de pilhas de jornais velhos.

A lavanderia tem um cheiro gostoso de lã úmida e um zunido que vem da roupa girando nas secadoras. Com uma voz alegre, minha mãe diz olá e pergunta como Flossie está. Flossie levanta o rosto e retribui com o mesmo meio-sorriso que eu a vejo dar a todos que falam com ela. Ela tem rugas profundas no rosto, tem a pele escura como uma ameixa seca e é frágil como um pássaro. O ferro de passar parece pesado e faz um barulho na tábua como se fosse um batimento cardíaco lento que fica pulsando ao longo de um dia inteiro.

As esposas do nosso prédio pagam 25 centavos por camisa passada.

Tiro as nossas roupas molhadas da máquina de lavar. Minha mãe escolhe uma camisa e entrega para Flossie, depois repassa o dinheiro, que desaparece rapidamente no avental cor de barro de Flossie, que então estica a camisa na extremidade da tábua.

Meu pai veste uma camisa social limpa todos os dias. Se minha mãe parar de dar as camisas dele para Flossie passar, podemos economizar 5 dólares por mês.

Procuro entre os varais de metal encostados na parede um que não esteja cheio de roupas já secas e rígidas de outras pessoas. Enquanto dobro as meias e as camisetas de meu pai, aproveito para acompanhar a aula: Flossie passando a camisa, depois minha mãe passando a camisa e ouvindo Flossie com a cabeça inclinada.

Minha mãe é tão linda. Ela tem olhos azuis sonhadores e maçãs do rosto arredondadas. Seu queixo é como uma das xícaras de chá de porcelana da minha avó. Uma vez por semana, ela posa para uma artista que mora em nosso prédio e está fazendo seu retrato. É uma vizinha de quem ela gosta, então aceitou o convite para posar, e é nessas horas que a vejo sair da redoma em que vive e conversar sobre livros enquanto toma chá com a artista e aprecia da janela o brilho do Rio Hudson.

Debaixo das prateleiras, atrás da parede, ficam os queimadores a gás. Fileiras e mais fileiras de belas chamas azul-alaranjadas, mantidas sob controle rígido. Caso contrário, escapariam e lamberiam as roupas em instantes.

Para secar, o custo é de 25 centavos por peça. O uso das estantes é gratuito.

Minha mãe se aproxima com a camisa num cabide de arame.

"Ela é uma ótima professora", afirma. Depois se volta e repete para Flossie: "Você é uma ótima professora". Em seguida, completa: "Encontrei o emprego ideal para mim".

Algumas semanas depois, meu pai faz algo surpreendente bem na nossa sala de estar. Ele chama minha mãe para dançar com ele.

Isso acontece depois do jantar e já está escuro lá fora, embora para nós nunca tenha luz do dia porque nossa sala de estar e cozinha estão no vão de ventilação, em um andar muito baixo, e meu quarto fica de frente para uma parede de tijolos, onde não bate a luz do sol.

Minha mãe e eu limpamos a mesa. Meu pai, que em geral vai direto para sua escrivaninha, separa um disco: *The Boy Friend*, trilha sonora da comédia teatral com Julie Andrews. Ouvir discos é o que fazemos para nos divertir. Não temos televisão, mas temos uma vitrola feita de plástico brilhante cor de berinjela. Não tenho autorização para mexer nela.

Meu pai coloca o disco, levanta o braço da vitrola, coloca o disco e abaixa a agulha de diamante. A abertura da música começa a tocar, trompetes tão efusivos e alegres que soam falsos aos meus ouvidos. Mas os meus pais fingem que a felicidade é assim.

Meu pai se acomoda no sofá, mexendo cotovelos e joelhos como um louva-a-deus. Do outro lado, minha mãe abre um livro e enfia os dedos dos pés debaixo da perna dele.

– Dance para nós, Yum – meu pai pede.

Minha mãe dança?

As vozes femininas começam a cantar nesse momento, são vozes tão estridentes que me deixam tensa e tenho vontade de distribuir uns tapas nelas.

Minha mãe sorri, balança a cabeça e continua a leitura. A capa do livro traz o título: *A taça dourada*, de Henry James.

– Por favor, Yum, dança, vai – pede meu pai.

– Não sou dançarina – responde minha mãe.

Mesmo assim, ela se levanta.

Julie Andrews canta agora que toda garota precisa de um namorado, que *morreríamos por ele com prazer*, o que me deixa assustada, pois soa falso, como tudo nesse disco, e ao mesmo tempo familiar. Minha mãe se mexe de uma forma diferente, como se estivesse testando a densidade do ar, então emenda num tango em direção às estantes que cobrem toda a parede, com um namorado que não conseguimos ver, num palco que não existe. Ela dá um giro. Mordisca os lábios. "Uau!", exclama meu pai, mas ela o ignora e, de repente, estica a perna como se fosse uma bailarina, levanta a saia e estufa o peito.

A música termina e ela volta ao seu lugar como se tivesse acabado de entrar na sala, coloca de novo os dedos dos pés debaixo da perna do meu pai e abre o livro na página que estava com o marcador.

– Yum! Onde você aprendeu a fazer isso? – grita meu pai, aplaudindo.

Mas ele não está exatamente perguntando e minha mãe não está exatamente respondendo.

– Ah, invento conforme vou dançando – ela diz.

Perguntas que não fiz à minha mãe naquela noite:

Por que você não dança *todos os dias*?

Por que não pega na mão do seu marido e o chama para a dança?

Por que não pega na mão da sua filha e a chama para dançar?

Para onde vai a mãe dançarina quando não está aqui? Onde ela esteve escondida esse tempo todo?

A mãe dançarina se recolhe, mas três anos depois, num sábado de primavera, quando estou com 11 anos, meu pai e eu passamos por engano no lugar onde ela morou.

Não acho que minha mãe queria que víssemos aquilo.

Pegamos o metrô para a Rua 14 e saímos para passear. Meus pais adoram caminhar. O sonho do meu pai é voltar a passear em Edimburgo, enquanto o da minha mãe é andar por Paris. Vamos à Sexta Avenida, no centro, e meus pais caminham de mãos dadas. Ele canta uma música que aprendeu na Marinha – "Lil encardida, Lil encardida vive no alto de uma montanha de lixo. Isso me deixa mal. Ele acha que ela quer viver lá em cima, com marinheiros a provocando?".

De repente, do alto ouvimos gritos de mulheres, e bolinhas e pedaços de papéis se espalham pela calçada perto de nós, como pérolas largas e amassadas. Quero abrir uma bolinha daquelas porque ela parece ter caído de um mundo distante.

– Isso não está certo – diz meu pai, com tristeza na voz.

Estávamos diante da casa de detenção feminina e sempre tenho a sensação de que estou sonhando quando passo por ali. Ela é alta, com colunas de janelas escuras, e é uma prisão, embora as mulheres gritem lá de dentro e eu não entenda o que elas falam. Além disso, se elas estão presas e fora de alcance, como podem jogar esses papéis amassados?

O que é que elas estão tentando *dizer*?

Continuamos caminhando mais um pouco pelas ruas estreitas do centro. Por fim, eu pergunto:

– Por que elas jogam essas bolinhas de papel?

Minha mãe respira fundo.

– Elas escrevem seus nomes e números de telefone nesses bilhetes, daí gritam para as pessoas ligarem para seu marido e seus filhos e passarem essas mensagens – ela explica.

– Que tipo de mensagens?

Estou animada. Essas pequenas bolinhas de papel são como luzes de estrelas que morreram há muito tempo.

– "Eu te amo." O que mais pode ser? – diz mamãe, alegre.

Estamos no meio do West Village agora. Meu pai nos faz virar à direita, para voltarmos à Sexta Avenida, e minha mãe para tão abruptamente que piso em seu calcanhar.

Não sei dizer se ela sentiu alguma coisa.

Estamos na esquina de uma rua com um nome que poderia ser cantado: Alameda Minetta, e minha mãe está olhando para o primeiro edifício cor-de-rosa que já vi na vida.

Foi paixão à primeira vista. Parece a casa de sonhos da Barbie que nem imagino que eu possa ter um dia. As janelas têm persianas brancas e a casa tem um portão de ferro fundido. Atrás do portão há um pequeno vestíbulo, ou pórtico, e uma luminária preta tipo lanterna que projeta as cores nas paredes.

– Nossa – diz minha mãe, como se o ar tivesse sido retirado de seus pulmões. Meu pai olha para ela de modo paciente. Ele preferiria continuar andando.

– Eu morava aqui – diz minha mãe, num tom de incredulidade.

– É um lugar legal, Yum – diz meu pai e olha o relógio. – Vocês não estão com fome?

A fome que sinto é tão irracional que não consigo avaliá-la nem para mim mesma. Mas quero ser a filha *dessa* mãe, da mãe que mora num prédio cor-de-rosa e que gosta de dançar.

Observo minha mãe perdida em pensamentos, olhando para o prédio com uma expressão sonhadora, e então algo me chama a atenção. Os músculos ao redor de sua boca se suavizam ligeiramente e eu me pergunto se na maior parte do tempo ela se esforça para mostrar uma expressão agradável para nós.

Não é uma sensação boa para mim. Olho para meu pai, mas ele está em compasso de espera, contemplando minha mãe com doçura enquanto ela observa a casa. Depois, volta a prestar atenção no ambiente urbano do Village.

Com ambas as mãos, seguro o portão de ferro trancado e faço um movimento para tentar entrar.

– Eu grito, você grita – repete meu pai. – Todos nós gritamos...

– Como você conseguiu *ir embora* daqui? – pergunto.

Minha mãe toca numa das minhas mãos, que continua agarrada à grade de ferro.

– O apartamento era pequeno e escuro, dava para o pátio. Não era nada especial – ela diz baixinho.

Mas ela está enganada. O apartamento tem sol e gatos e plantas penduradas. Tem paredes cor-de-rosa, um cenário onde uma mãe pode dançar. Tem um vaso de margaridas e uma mesa para dois.

– Garanto a você que o interior não é nada parecido com o exterior – ela afirma.

*

Em 1970, estou com 14 anos, e moramos num subúrbio de Nova York chamado Larchmont. A casa é nossa, aparentemente. Minha mãe ainda passa as camisas do meu pai. Antes, ela as coloca na gaveta de verduras da geladeira para mantê-las úmidas, o que facilita na hora de passar as mais difíceis. Faz tempo que ela me ensinou a arte de Flossie: um punho, depois o outro punho, depois o colarinho, a pala e as mangas. Fazemos as camas com as dobras dos lençóis perfeitas, remendamos as bainhas e as meias e esfregamos o ralo das banheiras. É minha função alvejar as roupas brancas e dobrar as cuecas de meu pai que saem da secadora, o que me dá nojo, mas não tenho como escapar disso.

O retrato a óleo da minha mãe agora está pendurado no corredor, entre o meu quarto e o quarto de meus pais. Ele a retrata com perfeição – os olhos azuis sonhadores, uma tristeza tão tênue que parece não estar lá, uma estrutura óssea tão elegante que você quer acompanhar com o dedo. Preciso ter esse quadro, inclusive planejo roubá-lo algum dia.

Estou recostada na cama de hóspedes do escritório bagunçado da minha mãe, local onde ela digita as contas dos pacientes do meu pai, quando ela menciona pela primeira vez um artista que conheceu. O nome dele era Bill Rivers.

Bill é um nome masculino. A vida inteira ela nunca falou sobre outro homem que não fosse o meu pai, mencionando apenas duas vezes um cara com quem se casou brevemente. Contou apenas que ele matou o seu querido buldogue, Chiefie, ao deixá-lo trancado no carro num dia quente.

Sentei-me.

– O nome dele era Haywood, mas todo mundo o chamava de Bill.

Ela olha para a caligrafia do meu pai num papel e depois pressiona uma tecla em sua máquina de escrever IBM Selectric vermelha.

– Isso foi muito antes de você nascer – ela completa a frase e gira a cadeira na minha direção. – Éramos apenas amigos – ela conta. – Eu não tinha noção da qualidade de seu trabalho artístico, mas sabia que gostava de estar com ele e com os artistas amigos dele. Alguns eram bem famosos. Ele me levava a um bar no East Village onde pintores e escritores se encontravam. E, Dylan... Eles me achavam *interessante*. Naquele tempo, eu era *espirituosa*.

– Uau – digo.

Tenho medo de falar mais alguma coisa para não estourar a bolha de sabão imaginária que brilha ao nosso redor.

Ela respira fundo.

– Eu era sagaz e sarcástica. Nosso grupo se reunia para beber e conversar, tinha pintores e às vezes escritores, e eu era sempre aquela que fazia os comentários sarcásticos que faziam todo mundo rir.

Estou tão fascinada que aceno com a cabeça sem parar e acabo me balançando inteira.

– Eles me adoravam e eu adorava estar com eles – ela diz.

Esta não é a mulher que se casou com o meu pai e me criou.

– Bill e eu colocamos apelidos um no outro – ela conta. – Eu o chamava de Garoto do Interior porque ele veio de uma cidade muito pequena na Carolina do Norte.

Ela começa a esfregar as pernas repetidamente por cima das calças e não parece perceber o tique. As palmas de suas mãos sobem e descem pelas coxas sem parar, para cima e para baixo, para cima e para baixo.

É constrangedor. Olho para as minhas mãos.

– Como ele te chamava?

– Garota da Cidade, claro.

Apelidos são uma coisa importante para a minha mãe. Ela criou um para meu pai e ele deu um para ela também. Ela inventou um monte de apelidos ridículos para mim, tipo Winning Ways, que me parece nome de um cavalo de corrida, e – é difícil até dizer em voz alta – Pussy. Mas, então, será que ela saiu com esse tal de Bill Rivers?

Estou prestes a fazer outra pergunta quando minha mãe gira de volta para sua escrivaninha e começa a teclar de maneira frenética sua máquina de escrever Selectric.

Terminei o décimo ano em parte porque colei nas provas de francês e matemática. Estamos no início de julho de 1972, o verão em que ocorreu o caso Watergate, e estou com o rosto afogueado porque herdei o trabalho de meio período do meu amigo J, para classificar os transistores numa assistência técnica de televisões. Com apenas 15 anos, J teve um caso com a chefe casada de 36 anos, então preciso ser cautelosa, embora aparentemente isso não fosse um requisito para realizar o serviço.

Um dia, depois de a loja fechar, venho para casa e encontro minha mãe na mesa de jantar, num conflito atroz com a contabilidade familiar. Ela permanece sentada nessa posição, com as costas retas, procurando se alongar de vez em quando, por mais dois ou três dias.

– Dylan, preciso que vá buscar o jantar – ela pede.

Tarde demais. Subi correndo as escadas, em fuga.

Parece que agora estamos em melhor condição financeira. Um detalhe revelador: agora ela manda lavar e passar as camisas fora. Outro detalhe: no último verão, meu pai comprou um Alfa Romeo conversível. Ele não confia que eu tenha condições de dirigir, e o carro acabou sendo roubado. Para mim, a justiça foi feita. Além disso, temos jardineiro todas as semanas, o que é importante, porque, quando nos mudamos para cá há dois anos, adivinha quem cortava a grama e passava o ancinho?

– Vou sair! – gritei já descendo, porque sou uma adolescente típica agora. Mas a verdade é que vê-la ali o dia inteiro, acorrentada naquela cadeira, me irrita.

É uma monstruosidade essa contabilidade. Foi ideia do meu pai criar um fichário com planilhas longas como uma fita métrica. Várias categorias aparecem enfileiradas no alto da planilha com a letra bonita e minúscula de minha mãe, e cada categoria precisa ser preenchida para controle.

Preferia morrer a ter que fazer aquilo.

Minha mãe aparece na porta do meu quarto. As paredes são cor-de-rosa porque ela arregaçou as mangas e pintou o quarto comigo, mas está todo enfumaçado porque não obedeço às regras dos meus pais e fumo dentro do quarto. Eles não batem em mim e não me expulsam, e gritos não me fazem obedecer.

– Preciso que você vá pegar o jantar – ela diz, séria. – Por favor, pare de fumar isso agora.

A essa altura, tenho consciência de que minha mãe é incrivelmente inteligente. Ela largou a faculdade pela metade e nunca disse a razão, mas conhece Turguêniev, Shakespeare, Tolstói, Pritchett, os dois Eliots, Pound, Lessing, Chekhov, Céline e lê livros de críticos literários. Alguma coisa a motiva nos livros. Segundo ela, sua mãe também amava ler – Esther, que só chegou à terceira série na Rússia antes de começar a trabalhar numa fábrica com outras crianças, enrolando cigarros sem luvas, no frio congelante.

Nunca terei condições de ler todos esses livros, pois não quero um diploma de doutorado e estou condenada a decepcionar meus pais intelectuais. Portanto, faço aquilo que sei fazer bem: sair com garotos, em especial aqueles de 20 anos com cabelos longos, carros e drogas.

– Estou atrasada – digo. – E essa contabilidade toda que você faz é simplesmente idiota.

E lá vamos nós discutir sobre uma invenção que não podemos sequer nomear.

Minha mãe se enrola para ver a hora em relógios analógicos, confunde esquerda com direita e tem dificuldade para contar o troco no supermercado. Mas fechar o balanço da contabilidade faz parte do seu trabalho. Ela se concentra nele, batucando na calculadora com a ponta de borracha do lápis até conseguir reduzir as contas a centavos.

Ela é uma dona de casa.

Na manhã seguinte, meu pai me leva até seu escritório. É uma sala bonita, com paredes vermelhas, teto de cedro e poltronas confortáveis de couro Charles Eames, onde psiquiatra e pacientes se sentam.

– Pega leve com a sua mãe – diz meu pai, carinhosamente. – Ela está numa fase difícil.

Mais tarde naquele dia, quando eles saem, dou uma vasculhada no guarda-roupa da minha mãe. Não sei o que de fato estou procurando porque não sei qual é o problema dela, mas acabo achando a resposta: uma pequena caixa de papelão com uma tampa dourada. Ela está escondida embaixo de um cachecol e lotada de Seconal, talvez vinte cápsulas, brilhantes como sangue.

Então parece que não sou a única a surrupiar calmantes do meu pai.

Horas depois de mostrar para ele o estoque suicida dela, ela entra em meu quarto de maneira cautelosa.

– Lamento muito que você tenha encontrado aquilo – ela diz, melancólica. – Não sei por que fiz um estoque daquelas cápsulas, mas quero que você saiba que nunca planejei tomá-las.

É um discurso já preparado, e ela chegou ao fim do texto.

Ela está com uma das mãos na maçaneta e não sei como me aproximar dela, ou mesmo se quero isso.

– Tudo bem – digo.

O ano é 1947 e minha mãe tem 20 anos. Ela abandonou a Universidade de Miami e se mudou para Nova York, onde morou por alguns poucos meses sem pagar aluguel na Rua 114, zona oeste da cidade, num prédio de propriedade de seu pai, Ulrich, que um dia administrou hotéis em Miami e resorts do circuito Borscht. Hoje, ele está numa cadeira de rodas e depende da segunda esposa, que detesta minha mãe, para se alimentar, tomar banho e ir ao banheiro. Ulrich também é fraco em outro sentido. Nunca defendeu a filha mais nova. Quando pequena, minha mãe era asmática e a mãe dela, minha avó Esther, ia até sua cama à noite com uma escova de cabelos nas mãos e a ameaçava: "Pare. Essa. Tosse". Até que ela aprendeu a segurar a tosse.

A violência de Esther era uma força tão indomável quanto o AVC que ele sofreu. Mas ele dizia a Erica, minha mãe: "Construí isso para você, querida. Quando eu morrer, você estará amparada".

Pois quando ele morreu alguns meses depois, minha mãe se surpreendeu ao descobrir que não tinha mais casa, que tinha sido privada da herança. "Como minha filha, Erica Ellner, me desagradou de formas que ela lembrará e entenderá, deixo para ela a soma de 4 mil dólares", diz o advogado, olhando para ela por cima dos óculos. O restante do patrimônio, e há bastante, incluindo o prédio onde ela mora, passa a ser de sua madrasta.

É um novo testamento.

– Ela o forçou a assinar isso. Posso entrar na justiça? – pergunta minha mãe.

– Não se você já estiver no testamento dele. Esse foi o objetivo de lhe deixar os 4 mil dólares, entende? Com isso, você não pode dizer que foi deserdada – explica o advogado.

*

Era o Dia de Ação de Graças de 1976. Erica está em seu escritório remexendo papéis, o que acaba criando uma bagunça que ela não consegue organizar, o que só piora tudo. Então a filha pergunta se pode levar o retrato a óleo para o quarto dela.

– Pode levar, pois estou cansada de olhar para ele – responde Erica.

É aquela leve expressão de desgosto no quadro que a incomoda. Ela superou o passado e seguiu em frente, mas a mulher do quadro não.

– Quando eu era jovem, posei para a Liga dos Estudantes de Arte – ela acrescenta.

– *Jura?* – espanta-se a filha.

Ela tem um jeito positivo de desfrutar das histórias de Erica sem se intrometer.

– Você guardou algum trabalho dessa época?

– Não, mas passei em frente a um prédio uma vez e vi o meu retrato pela janela.

Ela fala enquanto tira uma pilha de envelopes de papel pardo de dentro de uma pasta e coloca dentro de uma caixa de papelão. Ela faz isso como se fosse um trabalho rotineiro doméstico e não a ocultação de dezenas de cheques não descontados de pagamentos pelo trabalho de psicoterapia do marido.

A ideia é que ela deposite cada cheque no banco, registre o valor numa planilha e faça o balanço financeiro. Mas ela não consegue fazer isso, então esconde os cheques, como um esquilo estocando comida.

Sua filha se anima. É claro que as duas conhecem o tal prédio. Ele é lindo, no estilo renascentista francês, com janelas altas que se destacam.

– Você entrou e tentou comprar o quadro?

– Não – respondeu Erica. – Seria bom ter ajuda na cozinha.

– Você não descobriu quem é o artista?

– Não estou tão interessada assim.

– Não está interessada em seu *próprio retrato*?

Erica fecha a tampa da caixa de papelão, que tem etiquetas coladas dizendo ROUPAS PARA DOAÇÃO.

– Venha me ajudar a cortar a vagem.

A caixa de papelão deve ter o equivalente a mil, 2 mil dólares em cheques. Logo ela terá de abrir outra caixa para depositar ali novos cheques. Como alguém se livra desse tipo de responsabilidade?

A história de Bill Rivers mais parece um verme parasita que se instalou debaixo da pele dela e a corroeu por dentro.

Em 1946, Bill Rivers vem para Nova York e estuda na Liga dos Estudantes de Arte durante três anos.

Em 1947, minha mãe começa a posar lá como modelo.

Ela tem 21 anos, é órfã de pai e foi despejada. Ela se muda para o mais longe possível da Rua 114 Oeste, para uma casa geminada bem na esquina da Rua Minetta com a Alameda Minetta.

O apartamento é pequeno e escuro, mas o edifício é como um bolo decorado. Ela arranja emprego como vendedora de anúncios das Páginas Amarelas por telefone e vende mais do que qualquer outro vendedor, graças à sua voz alegre, porém séria.

Para ganhar uns trocados, resolve posar para a Liga dos Estudantes de Arte.

No estúdio, ela sente um cheiro inebriante de aguarrás e, quando percebe que a maioria dos alunos são homens, permanece de pé segurando sua bolsa. Então o instrutor a vê e diz: "Obrigado por participar de nosso workshop", como se ela fosse uma artista visitante.

Ele lhe entrega um lençol branco dobrado e a leva até uma tela vertical.

Minha mãe tira a roupa com tranquilidade. O nu artístico não é erótico. Ela *sabe* disso. É um trabalho. Ela sabe disso. Ela olha para o próprio corpo, que é sensual e curvilíneo quando está vestido, mas talvez não tão encantador quando exposto. Seus seios são empinados, mas os mamilos são invertidos, levemente franzidos nas pontas. Seu médico diz que ela não vai conseguir amamentar os filhos e terá que dar mamadeira quando os tiver.

Minha mãe se enrola no lençol e sai andando com os ombros retos.

Ela é boa em manter uma pose. Ela é boa para encontrar a posição correta outra vez após uma pausa para descanso. Ela é boa em notar, pelo canto do olho, que os jovens artistas podiam muito bem ser estudantes de medicina pelo modo como estudam seu corpo analisando a silhueta, a luz e a sombra.

Talvez ela pense que um deles a vigia enquanto ela se veste. E, como ele é excepcionalmente bonito, ela se demora arrumando o lençol e para um momento para olhar para o quadro e ver como ele a está pintando.

– Não pode ver até estar pronto – ele diz e bloqueia a visão dela. – Meu nome é Haywood Rivers, mas pode me chamar de Bill.

Ele estende a mão para cumprimentá-la.

– É um prazer pintar você, Erica.

Minha mãe fecha os olhos.

– Humm... Deixe-me adivinhar de onde você é – ela diz.

Ela costuma assistir a filmes como se fosse uma profissional da crítica e tem um ouvido bastante apurado para identificar sotaques. Conseguiu eliminar o próprio sotaque nova-iorquino depois de idas frequentes ao cinema.

– Você é da Carolina do Norte ou do Sul – ela afirma, e foi apenas a primeira coisa que ela descobriu sobre ele.

Em abril de 1992, a magnólia do jardim lateral da casa de meus pais exibe flores tão grandes quanto pratos de salada. Meu filho está na sala brincando com seu trenzinho, ignorando a narrativa que meu pai está tentando inventar.

No andar de cima, minha mãe conta para mim e para o meu marido o que parece ser o fim da história de Bill Rivers. Estamos em seu escritório desorganizado, a versão dela para aconchego, como se estivéssemos reunidos ao redor de uma lareira em um dia frio.

Ela nos conta que ganhou um quadro dele.

– Você tinha uma pintura de Bill Rivers? – pergunta meu marido, quase sem conseguir esconder a cobiça.

Ele gosta muito de arte afro-americana, muito mesmo. Tanto que começamos inclusive a colecionar, num nível básico, esse tipo de arte. Ele sabe exatamente quem é Haywood Bill Rivers.

– Onde está?

– Depois que perdemos o contato, tentei vender o quadro – disse minha mãe.

Ambos ficamos surpresos. Meu marido, por não acreditar que minha família não daria importância a uma coisa desse tipo, e eu, por não entender por que vender o quadro que um amigo lhe deu de presente quando ele lhe é tão próximo a ponto de trocar apelidos carinhosos com você?

Minha mãe continua:

– Li que Harry Abrams tem uma grande coleção de obras de artistas negros, então liguei para ele e contei o que eu tinha, e ele disse para levar o quadro para ele ver.

Ela reconhece muitos dos artistas cujas pinturas enfeitam as paredes do escritório de Harry Abrams, pois trabalha no museu Metropolitan, na área de direitos autorais, e passa sua hora de almoço passeando pelas galerias.

Abrams olha para o quadro, para ela e de novo para o quadro e, segundo minha mãe, o esnoba. "Obrigada pelo seu tempo", ela diz a ele, então leva a tela embora.

Meu marido e eu nos entreolhamos. Ela sabia que a obra tinha valor.

– Então, onde está? – pergunto.

– Ficou danificada numa mudança – explica minha mãe, sem dar maiores detalhes, como se a mudança tivesse causado um dano à pintura sem que ela soubesse exatamente o quê.

– Danificada como? – questiono de novo.

– Não me lembro.

Sua mão faz um movimento no ar, indicando que o episódio se dissipou como fumaça.

– Ficou muito danificada? – meu marido insiste.

Minha mãe dá de ombros.

– Provavelmente muito.

Meu marido e eu nos entreolhamos outra vez.

– Pinturas podem ser restauradas – eu digo e deixo o restante da frase no ar. – Você saía com artistas, trabalhava em um museu, portanto sabia disso. O que aconteceu de verdade com o quadro?

Mais uma vez, minha mãe faz a mão flutuar pelo ar, para longe do rosto. Como se estivesse tentando afastar uma nuvem de fumaça.

– Joguei fora.

A história de Bill Rivers mais parece um verme parasita que se instalou sob a minha pele e me corroeu por dentro.

Ele pensa em Paris praticamente desde que aquele lençol branco se desprendeu do corpo dela como uma crisálida. Metade dos pintores que ele respeita estão em Paris ou indo para lá. Beauford Delaney. Ed Clark. Lois Mailou Jones, esta última uma mulher ousada, que está indo sozinha.

Eles vão com frequência ao Stanley's. Erica se encaixa perfeitamente naquele ambiente. É uma boa ouvinte e, quando tem algo a dizer, chama atenção pela inteligência. Estão falando de uma nova galeria em Paris criada por alguns artistas negros expatriados, e ele quer pintar quadros modernos agora, fazer parte daquilo.

Ele leva a pintura de Erica para a Alameda Minetta.

– Gostou do quadro? – ele pergunta.

Ele realmente quer saber a opinião dela.

Ele acompanha o olhar de Erica analisando com atenção o intrincado padrão, mas também a luminosidade e os blocos de cor da pintura. É o fim da fase simbólica, das igrejas e mulheres mais maduras que havia retratado nas aulas que frequentou. Ele tem consciência disso.

– Amei – ela, finalmente, fala. – É muito importante para mim ficar com ele.

Então, ou pouco depois, uma das duas coisas acontecem.

Ou ele se declara e ela recusa.

Ou, do contrário, ele nunca se declara a ela.

Em maio de 1983, telefonei para contar as novidades.

Meu noivo e eu estamos telefonando da iluminada entrada de nossa varanda. Moramos no Bairro Francês de Nova Orleans e somos repórteres do jornal *The Times-Picayune* – ele é repórter investigativo e eu sou da área médica.

Ele é negro. Eu sou branca.

Ele acha que devo esperar um pouco e falar com meus pais pessoalmente. Não entendo a hesitação dele. Tenho 27 anos. Mal posso esperar para contar a eles. Amo os meus pais.

Sou uma idiota.

Meu pai atende, eu conto as novidades e ele diz:

– Essa é a melhor notícia que você pode me dar, querida. Se eu tivesse que escolher a dedo o meu genro, escolheria ele.

Escuto então ele ir até a escada e chamar minha mãe, que está no andar de cima.

Para minha surpresa, quando dou a notícia, ela deixa um longo silêncio se instalar entre nós até eu me sentir incomodada. Esta é a mulher que me apresentou os livros de Alice Walker, Richard Wright, Toni Morrison, que me levou à Broadway na abertura do musical *para garotas de cor que pensaram em suicídio/quando o arco-íris é suficiente*. Talvez isso não signifique o que pensei que significava.

Finalmente, ela diz:

– Mas e os filhos?

Tenho 27 anos. Sou uma idiota.

– O que tem os filhos? – replico, irritada e indiferente. – Não vamos bater neles.

Em 1949, Bill Rivers vai a Paris, onde conhece uma norte-americana com uma mente brilhante e um sorriso arrasador. O nome dela é Betty Jo Robirds. Ela tem um mestrado em inglês e uma bolsa de estudos Fulbright, que a levou à Sorbonne. Ela é branca.

Imagine que ele leva Betty Jo ao café parisiense Les Deux Magots, onde os escritores, pintores e músicos, negros, brancos e expatriados, bebem um excelente vinho francês barato. Ela é aceita pelo grupo, se dá bem com todo mundo, e quando fala é engraçada e inteligente.

É como estar com Erica no Stanley's, mas melhor porque é Paris e ele sente que sua vida artística crescerá aqui como uma flor rara que floresce à noite.

Um dos pintores expatriados pergunta se ele tem *alguma notícia da Erica*, mas ele abraça Betty Jo, que não perde tempo se preocupando com o que está distante dela.

– *Nós perdemos contato* – ele responde.

Quando ele a pede em casamento, Betty Jo não pergunta: *E os filhos*? Como a França tem leis (na época) contra o casamento inter-racial, eles pegam um barco para a Inglaterra em 1951 e se casam lá.

Nasce o primeiro filho, um menino, depois vem uma menina. *Uma bonequinha perfeita de pele marrom*, registra a revista *Jet*. Será que Betty Jo ainda está conseguindo ir às aulas na Sorbonne? Bill está usando uma tinta tão espessa agora, nas cores âmbar, azul e verde suaves, que alguns quadros não podem ser enrolados para serem enviados para casa.

Quando Betty Jo pensa mais tarde nos anos que passou em Paris antes do divórcio, um obituário dirá, ela recorda que foi um tempo de "pobreza, beleza e felicidade".

Na verdade, ele nunca se declarou para minha mãe.

Minha mãe tem mais um capítulo para contar. Mas ela só revela quando meu filho está com 10 anos e estou sozinha com ela outra vez naquele cômodo bagunçado e aconchegante.

Caminhando em Nova York um dia, muitos anos depois daqueles tempos no Village, ela ouve alguém chamar seu nome. Bill Rivers está vindo na sua direção, o rosto animado com o encontro.

– Nossos olhos se encontraram – conta minha mãe. – Ele percebeu que o reconheci instantaneamente, mas eu o esnobei, Dylan. Olhei para o outro lado como se ele fosse um estranho e passei direto.

Meu coração dói como se a pessoa que ela havia desprezado fosse eu, ou ela mesma.

Pelos vinte anos seguintes e provavelmente pelo resto da minha vida, vou reviver esse momento como se fosse um filme, refletir sobre ele, na tentativa de fazer o rosto da minha mãe se iluminar também. Nesse filme, eu a encaminho para o abraço, para a conversa animada na calçada com as pessoas passando ao redor deles, e depois para o inevitável drinque no – onde eles estão? Na Rua 56? – Oak Room, e o início de uma reversão lenta em sua vida, dolorosa e angustiante, tão radical e cataclísmica como quando o Rio Chicago começou sua árdua mudança de curso e correu em outra direção.

Nesse filme, Bill Rivers é um homem livre. Mas minha mãe não é uma mulher livre. Não estou considerando meu pai nessa história, que ficaria arrasado e perdido. Não me importo com meu eu mais jovem. Tudo o que quero é que Yum dance outra vez.

– Por que se afastou dele? – pergunto a ela no escritório aquele dia, quase implorando.

– Não sei. Tenho muita vergonha do meu comportamento naquele momento – ela diz.

Você sabe, sim, a razão, penso comigo mesma. *Claro que sabe.*

– Podemos tentar encontrá-lo, pesquisar o nome dele – eu digo.

Ela coloca a mão diante da boca.

– Seria muito doloroso. Por favor, não faça isso.

Prometo que não farei. Deixo para lá.

Sempre deixo para lá.

Bill Rivers morre em 2001. Fiquei anos sem saber disso.

Um ano antes da morte de Erica, quando ela está com 84 anos e eu com 57, faço uma pergunta pessoal, mas é a pergunta errada.

– Você sempre falou tanto de Bill Rivers – introduzo o assunto.

Sentada na cadeira de rodas, minha mãe olha para mim com vivacidade.

– Ele lhe deu um quadro, vocês tiveram essa amizade incrível. Então, sempre imaginei que...

Minha mãe aguarda. Ela ainda é bonita, o cabelo está mais grisalho do que branco e seu corpo engordou um pouquinho. O suéter esconde o cateter de alimentação e o cachecol enrolado no pescoço esconde a traqueostomia.

Respiro fundo.

– Mãe, você e Bill Rivers foram namorados?

Pedi à enfermeira que nos deixasse a sós. Minha mãe não pode viver sem uma enfermeira. Meu pai cochila no quarto, a cadeira de rodas na lateral da cama.

Minha mãe endireita o corpo e me fuzila com os olhos.

– Estou ofendida com essa pergunta – ela diz.

Meu pai morre em maio de 2014 e minha mãe, sete semanas depois, logo após um estado de euforia no qual ela faz a seguinte declaração enquanto anoto tudo freneticamente:

– Mande uma mensagem a seus amigos por mim. Aceito o milagre que recebi. Aceito o milagre que recebi. Aceito a dor com gratidão. Sou a mulher mais feliz do mundo.

Depois de uma pausa, ela conclui:

– Acho que uma das piores coisas que existem no mundo é o cinismo.

A história de Bill Rivers e minha mãe chegou ao fim.

Mas o filme de Bill Rivers continua passando em minha cabeça. Com dois finais possíveis.

Imagine isso.

Estamos em 1949. Vendedores ambulantes vendem peixe e milho fresco pelas ruas e é possível comprar um terno com dois pares de calças.

Bill Rivers diz à minha mãe que vai para Paris.

Ela já esperava por isso. Mas não diz nada.

Ele diz:

– *Venha comigo, Erica. É Paris. É mágico. Posso pintar e você pode estudar na Sorbonne, fazer o que quiser.*

Ela não responde. Seus olhos azuis agora são o oceano, não o céu.

– *Venha a Paris* – ele insiste. – *Case comigo.*

Minha mãe responde bem devagarzinho:

– *Será que isso é legal lá?*

Ele inclina a cabeça e a observa com atenção.

– *É legal na Inglaterra* – ele responde. – *Podemos ir de barco.*

Depois de um longo silêncio, no qual ela reprime o impulso físico de abraçá-lo, ela completa:

– *Mas e os filhos?*

Quando ele se afasta, ela se sente como se estivesse em pé à beira de uma sepultura.

Mas ele não se declara para ela.

*

Ele apenas diz à minha mãe que está indo para Paris.

Ela já esperava por isso. E não diz nada.

– *Vou sentir demais sua falta, Erica* – ele diz. – *Prometa que vai me escrever.*

Minha mãe concorda com a cabeça. *Demais* não expressa o que ela tem sentido nestes últimos anos. Ela fica quieta. Ele diz:

– *Venha me encontrar no próximo sábado nas docas.*

Minha mãe responde bem devagar:

– *Lamento, mas não vai ser possível.*

Ele olha para ela espantado e, então, entende. Ele acena com a cabeça e a beija na testa.

Quando ele se afasta, ela se sente como se estivesse de pé à beira de uma sepultura.

Quando o meu filme de Bill Rivers é exibido, só existe uma pintura.

Minha mãe com 21, 22 anos, é a modelo, sua musa. O retrato é um nu sentado.

Haywood Bill Rivers é o artista. Como o quadro é marcante – os traços foram feitos a partir das colchas confeccionadas pelas mulheres de sua família –, ele fica em exibição na janela da Liga dos Estudantes de Arte para que os pedestres da Rua 57 Oeste possam vê-lo. É claro que a minha mãe não está curiosa para saber quem é o pintor, pois ela já sabe.

Eles vão a bares e a festas onde artistas e intelectuais se encontram. Eles se tornam íntimos a ponto de trocar apelidos entre si, e Bill Rivers lhe dá de presente o retrato que fez dela.

Talvez dois ou três anos depois de seu navio zarpar, um amigo em comum diz a ela que Bill Rivers se casou em Paris, e não se casou apenas com uma mulher branca, uma mulher que tem o que minha mãe chamaria de ousadia. Essa mulher estudou na Sorbonne, teve um bebê, talvez dois, e é amiga dos mesmos artistas expatriados que minha mãe provocava com o seu humor sarcástico em Nova York.

Minha mãe vai para casa, na Alameda Minetta, encara a mulher no retrato e diz a ela: *Betty Jo Rivers está vivendo a sua vida.*

*

– Erica!

A voz de Bill Rivers naquele dia na rua atravessa o coração da minha mãe como uma estaca.

– Erica – ele diz. (Ela acha que ele diz.) – Conte-me, o que aconteceu com a sua mente brilhante?

Você fez a escolha certa? Casou-se com o homem certo? Estudaria na Sorbonne, Erica? Riria com os escritores no café Les Deux Magots?

Você escondeu essa sua inteligência fascinante, ou escreveu um livro?

Você chegou a passear pelas ruas de Paris? Você se importaria se sua filha fosse uma bonequinha perfeita de pele marrom?

Quem você amaria, Erica?

Quem você seria?

Em 2001, a pedido de minha mãe, escondo três caixas de papelão com etiquetas falsas de cheques não descontados em nossa garagem em Santa Monica. Ela estima que há o equivalente a 10 mil dólares naquelas caixas. Quando me mudo dali, em 2007, procuro as caixas, mas não as encontro mais. Meus pais agora estão morando em Brentwood, bem próximo dali, então pergunto à minha mãe se foi ela quem pegou as caixas.

Ela faz um gesto com a mão e não responde.

Meu marido descobre que uma pintura de Haywood Bill Rivers, uma obra simbólica do início de sua carreira, de uma igreja rural com um coro pintado em detalhes, foi leiloada como parte do patrimônio da Sra. Harry N. Abrams, em 7 de abril de 2010. O quadro foi arrematado por 5.625 dólares.

Convenci o porteiro do prédio onde passei a infância a me deixar entrar no porão. Parece inacreditável, mas em pleno 2012, os depósitos que antes ficavam trancados com cadeados viraram moradias. Pelas portas entreabertas, ouvi o som de televisões enquanto do lado de fora era possível ver sapatos enfileirados.

Na lavanderia, os barulhentos varais usados para pendurar as roupas foram substituídos por paredes de gesso acartonado, como se nunca tivessem existido e não passassem de um sonho de infância, como se as chamas azul-alaranjadas nunca tivessem queimado ali.

Depois da morte de minha mãe, em 2014, faço uma peregrinação à Alameda Minetta, 16. Ainda quero desesperadamente morar lá porque, apesar de eu ter agora 58 anos, órfã de mãe, sinto que sempre serei aquela menina de 8 anos.

A casa da Alameda Minetta não é mais cor-de-rosa. Alguém tirou a luminária preta tipo lanterna da entrada e pintou o prédio inteiro de branco.

Quinze anos

Por Bernice L. McFadden

A primeira vez que fugi de casa foi porque seu marido, meu pai, me deu uma bofetada. Ele estava bêbado e eu tinha apenas 15 anos. O tapa foi tão forte que me jogou, cambaleante, para dentro do guarda-roupa. Lembro-me de esfregar a bochecha dolorida com uma das mãos e com a outra me proteger da profusão de roupas e cabides de metal que caíam sobre mim.

Depois de me recuperar do choque, me arrastei para fora do guarda-roupa, arrumei minha mala e fui embora.

Do lado de fora, vi você apontar na esquina, voltando para seu lar depois de um longo dia de trabalho, e se assustar ao me ver arrastando uma mala diante de um táxi estacionado na frente de casa. Perguntou o que tinha acontecido, embora minhas lágrimas e a mancha vermelha na bochecha fossem provas suficientes.

– Odeio ele! – gritei enquanto o motorista colocava a minha mala no porta-malas do táxi.

Entrei no banco de trás e bati a porta, deixando você parada na calçada torcendo as mãos, preocupada.

Não sei o que aconteceu no apartamento naquela noite. Tenho certeza de que vocês discutiram. Tenho certeza de que ele me chamou de malcriada, de respondona, de me comportar como se fosse melhor do que ele só porque estudava em escola particular e minhas colegas eram garotas brancas privilegiadas que falavam com os pais de qualquer maneira e que ele não ia tolerar esse tipo de insolência da filha negra.

Fiquei na casa de minha melhor amiga por três dias e três noites. Não liguei para te avisar onde estava, nem para dizer que estava em segurança.

Meu plano era passar as próximas semanas lá e voltar para o internato no final do verão. Como ia fazer isso – sem dinheiro – eu não sabia.

Na manhã do quarto dia, assim que o sol despontou no horizonte, a campainha do apartamento tocou. Depois tocou de novo, de maneira longa, estridente e irritante.

Eu sabia, mesmo antes que a mãe da minha amiga olhasse pelo olho mágico, que ele estava do outro lado da porta.

No banco de trás do carro dele, chorei durante todo o trajeto até chegar em casa.

Ao longo dos anos, fugi novamente. Ele ainda se embebedava e você ainda saía de casa e voltava, saía e voltava. Quando eu perguntava por que você não ia embora de vez, por que não ficávamos com o vovô e a vovó, você sempre parecia magoada com a minha pergunta. Daí ajustava os óculos no rosto, desviava o olhar triste dos meus olhos inquisidores e murmurava:

– Você não sabe o que sua avó fez... Um dia, talvez, eu lhe conte.

Quando desisti de esperar que você o deixasse e me contasse o que eu não sabia sobre a minha avó, já estava com 19 anos, trabalhando em horário integral, namorando firme e pagando o meu próprio telefone. Sim, eu ainda vivia sob o teto dele, mas não era mais uma criança, amordaçada por conta da idade e da dependência. Eu me via como uma mulher adulta. Agora, quando ele explodia, eu explodia de volta.

Estava com 22 anos quando ele foi demitido do emprego em que trabalhava desde o ano em que nasci. Três meses depois, dei à luz minha filha. Eu a tinha colocado no mundo, mas nós a criaríamos juntas – ela pertencia a nós duas, a mim e a você, mamãe. Ela era minha filha, mas era também a nossa menina.

Em 2001, nossa menina e eu nos mudamos para uma casa só minha. Tive coragem de deixar você lá com ele porque a estrutura de poder tinha mudado. Você agora era o chefe da casa, a provedora. Todas as decisões começavam e terminavam com você. Ele se viu reduzido a hóspede, quase um intruso.

Fui uma criança obediente e respeitosa e uma adolescente igualmente obediente e respeitosa. Nossa menina era diferente. Ela era direta e insolente de uma maneira que nunca ousei ser. Era mais parecida com você do que comigo.

Quando ela demonstrou interesse por um jovem no ensino médio, falei a ela o mesmo que você me disse quando eu tinha 15 anos:

– Você pode namorar quando fizer 16 anos, não antes.

Se eu não tivesse ficado isolada em um internato só para meninas, poderia ter desafiado essa ordem, mas esse não era o caso dela. Ela frequentava uma escola aqui no Brooklyn, então começou a mentir para mim sobre onde estava e a matar aulas para passar um tempo com o garoto.

Quando descobri isso, fiquei zangada, é claro. Perguntei a ela se estava fazendo sexo com ele, mas ela negou com veemência e continuou a me desafiar.

Ameacei expulsá-la de casa. Em conversas pelo telefone, fiz críticas ao comportamento dela em voz alta para amigos e familiares, na esperança de que a vergonha a levasse a me obedecer.

"Veja a vida que ela leva; veja o lar que criei para ela."

"Fiz viagens pelo mundo com ela e é assim que ela me paga? Egoísta, que filha egoísta eu tenho. Se eu tivesse tido o que ela tem quando era adolescente, nunca criaria problemas para os meus pais. Na realidade, não tive nada disso e mesmo assim acatava as regras dos meus pais."

"Esse garoto não se importa com ela. Ela acha que está apaixonada. Sexo não é amor, só parece ser amor."

"Que filha ingrata."

Mas isso só piorou as coisas.

No desespero, fiz algo que jurei nunca fazer na vida. Li o diário dela e, naquelas páginas, descobri (como já suspeitava) que ela estava fazendo sexo. Também fiquei sabendo que seu desdém adolescente por mim tinha virado ódio.

Quando ela chegou da escola, eu a confrontei, balançando o diário na cara dela. Lembro-me do som das páginas se agitando, um barulho alto e ameaçador como as asas de um melro preto. Quando seu semblante estoico e imperturbável se desmanchou em lágrimas, me senti vingada.

Cada uma foi para o seu quarto e permanecemos lá, ruminando. Quando acordei na manhã seguinte, ela havia ido embora.

Ela deixou uma carta me acusando de intromissão e falta de amor e afeição.

Liguei para o pai dela e avisei, tranquila, que nossa filha tinha fugido. A reação dele foi um suspiro desanimado.

Eu sabia o nome e o sobrenome do garoto e tinha o número do telefone dele. Em um site de pesquisa de dados públicos, consegui o endereço dele.

Liguei para você para contar o que estava acontecendo. Você ficou perturbada com a fuga de nossa menina tanto quanto me lembro de ficar sempre que meu pai te agredia.

Enquanto você estava no táxi indo para minha casa, o pai dela, um policial veterano de Nova York, batia na porta da casa onde o garoto alugava um quarto.

Tempos depois, quando minha filha era uma mulher e podia falar livremente desse período, ela contou que ela e o garoto ficaram petrificados, mudos de medo diante da fúria com a qual seu pai batia na porta, dando a impressão de que ia destruí-la a qualquer momento.

Você apareceu na minha casa, seguida por minha irmã e minha cunhada. Nós nos reunimos na sala de estar para nos preocuparmos com mais esse espinho cravado numa família já problemática.

A aflição durou horas. Depois que o pai policial desistiu e foi embora, o garoto esperto levou nossa menina para outro esconderijo, depois para outro, até que finalmente alguma mãe, já saturada, a convenceu a voltar para casa e resolver as coisas comigo.

Em meio ao caos, você estava sobretudo quieta, mas, quando fomos avisadas que ela estava a caminho de casa, você se virou para mim e vi que a expressão em seu rosto tinha mudado de preocupação para medo.

– Prometa que não vai mandá-la para a cadeia. Prometa.

– O quê? – murmurei. – O que você está dizendo? Por que eu a colocaria na cadeia?

Você não sabe o que sua avó fez... Um dia. Um dia eu vou te contar.

Esse dia finalmente chegou.

Eu sabia que você havia nascido em 1943, alguns meses antes de sua mãe completar 16 anos. Não muito tempo depois de você nascer, ela foi para Chicago para fugir do racismo e da pobreza do Sul, mas também para fugir dos homens daquela casa, que achavam ter tanto direito às mulheres que viviam lá quanto às terras que cultivavam.

Quando sua mãe estava com 25 anos e você tinha 9, ela finalmente mandou te buscar porque você já estava crescida, com os seios começando a se desenvolver.

Então você a conheceu e, desde o início, percebeu que ela era uma mentirosa compulsiva e ladra.

Os furtos e as mentiras começaram ainda quando criança. A irmã dela contava histórias sobre as habilidades de Thelma para furtar desde a infância até a idade adulta. Ela roubava de fotografias estimadas pelos membros da família a joias dos patrões.

Quando eu estava no ensino fundamental, ela trabalhava como supervisora da equipe de limpeza do prédio que abrigava a sede de uma grande instituição financeira. Ela me deu um anel que uso até hoje. Um anel que ela roubou de um cofre deixado aberto no escritório de um banqueiro de investimentos.

Você me contou quando ela descobriu que você estava saindo com um garoto mais velho. Ele a havia presenteado com dois suéteres de cashmere que você tinha enfiado no fundo de um baú. Ao chegar da escola, lá estava ela, vestida com os suéteres – os dois – diante do fogão. Você ficou surpresa, mas não disse nada. Nem ela. Ela colocou a comida nas travessas e trouxe até a mesa. Durante o jantar, você falou sobre tudo, menos sobre os suéteres. Depois, lavou os pratos, foi para o seu quarto e chorou. Você nunca mais viu aqueles suéteres de novo.

Quando você e meu pai estavam planejando se casar, ele telefonou para você exigindo que explicasse por que mentiu sobre estar apaixonada por ele, por que disse que o bebê que estava carregando era dele quando na verdade era de outro homem, e por que não teve coragem de dizer a verdade em vez de enviar uma carta como uma covarde.

Você também recebeu uma carta.

Uma carta dele declarando que amava outra mulher, uma mulher que estava grávida de um filho dele, uma mulher com quem ele pretendia se casar em vez de com você.

Nenhum de vocês mandou as cartas um para o outro. Quando você comparou a caligrafia das duas cartas, elas batiam. O carimbo do correio era do mesmo dia, o CEP do remetente, 11420, era o mesmo. Era o CEP do lugar onde você e minha avó moravam. Ela enviou aquelas cartas e nega até hoje.

A primeira vez que você me contou essas histórias, eu era jovem demais para entender. Mas, à medida que fui crescendo, percebi a verdade.

Em Chicago, minha avó saía antes do amanhecer para trabalhar como doméstica em uma casa em um bairro abastado do subúrbio. Ela esperava que você se levantasse sozinha, se vestisse, tomasse o café da manhã e fosse para a escola. Ao voltar para casa, você faria o dever de casa e começaria a preparar o jantar. Você tinha 9 anos.

Um dia, você e ela se mudaram para Detroit e depois para o Brooklyn.

Nessa época, você já era uma adolescente.

As duas tinham seus problemas. Problemas típicos de mães e filhas. Mas sua mãe nunca soube quando relevar as coisas. Você disse que nunca apanhou dela, mas que gostaria que ela tivesse lhe dado uma boa surra porque teria preferido um tapa às reclamações. Você contou que ela às vezes reclamava durante dias. Criticava as mínimas infrações: a banheira não estava bem limpa, o carpete não estava bem aspirado. Sua sensação é que ela sentia prazer em fazer você infeliz.

Foi essa perseguição que a levou a fugir no verão de 1958. Você tinha 15 anos.

Você conta que naquela época as pessoas da sua comunidade raramente terminavam o ensino médio. Faculdade era um lugar apenas para os brancos. Era motivo de comemoração quando uma criança concluía o ensino fundamental. Sua própria mãe só chegou à quarta série.

Este era o seu plano. Abandonar o ensino médio, arranjar um emprego, alugar um quarto e nunca mais ter que aturar a irritação dela. O dia em que sua vida mudou, você estava num bar com amigos – naquela época, os adolescentes iam a bares e eram servidos se parecessem ter 18 anos. Você parecia madura para seus 15 anos. Dois homens vestidos de terno se aproximaram de você, mostraram os distintivos dourados, identificaram-se como detetives da cidade de Nova York e perguntaram seu nome. Você disse e eles anunciaram que você estava sendo presa por furto. Eles a algemaram, leram seus direitos de permanecer em silêncio e a colocaram no banco traseiro de um carro da polícia sem identificação.

À medida que a história sai de sua boca, seus olhos castanhos vão escurecendo e percebo que você voltou ao ano de 1958, quando tinha 15 anos e estava sentada, assustada, no escuro banco traseiro do carro da polícia.

A mente é tão maravilhosa quanto perversa. Ela pode escolher nos salvar de nossas memórias ou nos maltratar com elas. Você estava trêmula.

Sua mãe se levantou no tribunal e a acusou de roubar o dinheiro e as joias dela. Sua mãe se levantou em um tribunal e mentiu.

Você foi condenada a um ano de prisão em Westfield Farm, uma prisão feminina em Bedford Hills, Nova York.

Sua mãe ia visitá-la na prisão todo fim de semana. Como se você estivesse viajando para um acampamento de verão. Vocês nunca conversaram sobre o que ela havia feito e por que tinha feito aquilo. Nunca falaram sobre o assunto. Foi como no caso dos suéteres de cashmere.

Você sabia que nossa família era cheia de segredos, segredos terríveis, dolorosos e vergonhosos demais para serem abordados, portanto, não se falava nisso. Nunca se falou do tio que estuprou e engravidou pelo menos duas sobrinhas, do irmão que acariciou a própria irmã e da tia que tentou, e não conseguiu, afogar o próprio filho na banheira.

Portanto, quando a vovó foi visitá-la na prisão, ela levou cigarros, chocolate, absorventes higiênicos e revistas, mas não lhe deu qualquer explicação, e você não pediu uma porque conhecia as regras da família.

Em maio de 1959, Gay Talese, um jornalista veterano, visitou a prisão e escreveu um artigo para o *The New York Times* sobre a rotina de exercícios das prisioneiras de Westfield.

> *Vinte e cinco meninas estavam descalças e usavam shorts, sentadas no chão como estátuas de Buda. Os dedos das mãos estalavam devagar, cabeças e troncos se movimentavam no ritmo das batucadas de tambores africanos.*

Anos depois, me peguei pensando se você não era uma daquelas garotas descalças.

> *As presas passaram quase uma hora dando saltos, rastejando pelo chão e balançando os quadris no ritmo de várias músicas, incluindo a versão de Les Baxter de "O Ritual Selvagem".*

Ao final de sua pena, você voltou para casa. Sua mãe tinha um novo homem em sua vida, um homem com quem ela viria a se casar. Você nunca voltou para a escola. Conheceu meu pai, engravidou, casou-se com ele e eu nasci. Você seguiu a vida com esse segredo escondido e cravado em seu coração como uma estaca. Depois, quando nossa menina fugiu, a estaca se desprendeu e, enfim, você conseguiu me contar o segredo que guardou por quarenta e cinco anos.

Prometa que não vai mandá-la para a cadeia. Prometa!

A última vez que ouvi esse tom de súplica em sua voz eu tinha 17 anos e meu pai estava com uma arma apontada para a sua cabeça. A cena, na época, quase acabou comigo. Pensar nela agora me deixa arrasada, mas você não gosta de lágrimas, então segurei o choro até a nossa menina voltar e você ir para casa, e só então chorei por todas nós.

Nada fica sem ser dito

Por Julianna Baggott

Quando eu tinha 10 anos, já era a confidente de minha mãe. Meus irmãos mais velhos eram adolescentes ou já estavam cuidando de si mesmos pelo mundo. Eu era a única que restava e ela parecia entediada e um pouco solitária. Talvez, pela primeira vez, ela tivesse tempo para refletir sobre a própria vida e infância. Ela me fazia faltar às aulas para acompanhá-la ao banco, jogar cartas e para me contar as histórias mais sombrias que se possa imaginar.

Eu me lembro das nossas conversas na varanda telada de casa enquanto jogávamos cartas. Obviamente, isso não faz nenhum sentido. Nós morávamos em Delaware e devia fazer muito frio na maior parte do ano letivo. Mas em minha memória é sempre fim de primavera. Consigo visualizar minha mãe com uma roupa caseira e o cabelo ruivo emoldurando o rosto. Ela está jogando cartas na mesa coberta por uma toalha plástica. Nossa dálmata neurótica, Dulcie, eternamente indo e vindo pela portinhola de cachorro cuja cortina de retalhos plásticos foi feita por meu pai.

Minha mãe não me deixava ir à escola quando chovia, preocupada com o ônibus na rodovia, mas também não me deixava ir nos dias de sol porque o tempo estava bonito demais para me deixar trancada numa sala de aula. No dia do aniversário dela, a seu ver muito mais importante para mim do que o aniversário de qualquer outra pessoa, eu também ficava em casa. Às vezes, ela me deixava em casa sem nenhum bom motivo. Ela me passava a impressão de que a escola não estava à minha altura. "Dê às outras crianças a chance de alcançá-la", ela me dizia, baixinho, como se minha genialidade fosse um segredo.

Isso não era verdade e eu sabia disso. Eu era uma aluna mediana, fraca em matemática, e estava longe de ser uma leitora dedicada. Por causa das faltas, sempre me sentia perdida nas aulas de história e ciências. No entanto, aprendi algo que se tornou muito útil – como fingir.

Levávamos a sério o jogo de cartas, mas conversávamos muito também. Minha mãe já tinha criado três filhos, então eu era tratada mais como uma comadre. Acabei me acostumando a ser tratada como adulta. Odiava quando outros adultos me tratavam como criança. Tinha certeza de que o resto do mundo subestimava as crianças, mas as confissões de minha mãe comprovavam que eu podia lidar com muito mais coisas.

Quando digo que as histórias eram sombrias, falo sério. Tinha a história de uma tia que fez um aborto em casa com agulhas de tricô e o bebê viveu por três dias. Em outra história, uma das tias da minha avó se enforcou na armação de madeira do dossel da cama. E havia as histórias familiares mais próximas, como a agressividade do pai da minha mãe com minha avó. Minha mãe me contou que quando era pequena achava que varizes eram hematomas provocados por maridos violentos.

Não me lembro de vê-la tensa ou chorosa ao me contar essas histórias. Não me lembro de nenhuma grande manifestação expansiva ou desabafo. Ela estava reflexiva, pensativa, e muitas vezes tive a impressão de que ela estava dizendo essas coisas em voz alta pela primeira vez, como se as memórias estivessem ganhando consciência, sem filtro.

Havia boas histórias também. A dedicação de minha mãe ao piano, seu amor pelas freiras caridosas que ajudaram sua família várias vezes, sua paixão por meu pai.

Uma história se destaca em minha memória. O pai dela não sabia ler nem escrever. De origem pobre, ele parou de estudar ainda garoto e começou a ganhar dinheiro trapaceando em salões de sinuca. Mas uma noite, enquanto regava o gramado, ele pediu que ela lhe contasse algo que tinha aprendido na escola.

– Recitei Shakespeare – contou minha mãe, repetindo a frase. – "As velas noturnas consumiram-se e o dia, bem-disposto, pôs-se na ponta dos pés sobre os cimos nevoentos do morro."

Ela fez uma pausa e então acrescentou:

– Meu pai achou lindo.

Minha mãe sentia que ele tinha um anseio dentro de si, uma profundidade interior.

– Imagino todas as coisas que ele poderia ter feito se a sua vida tivesse permitido – ela comentou.

O lado da família da minha mãe parecia acreditar que as histórias poderiam nos salvar. Eram lições de moral, de conhecimentos médicos e de amor e perda.

Tive uma fase, quando estava entre os 20 e os 30 anos, em que comecei a duvidar das histórias que ouvia da minha mãe. Elas eram muito mirabolantes. Como alguém se enforca na estrutura do dossel da cama?

Uma história era quase bíblica. Nossos ancestrais – um homem, uma mulher e um bebê – partiram a cavalo em uma noite da cidade de Angier, no estado da Carolina do Norte, durante uma tempestade. O homem e a mulher morreram na tempestade, mas o bebê foi encontrado vivo, preso a uma videira!

A essa altura, eu já era adulta e tinha filhos. Havia estudado o gótico sulista na pós-graduação. Portanto, conhecia o folclore quando me deparava com um.

Um dia, na cozinha da minha mãe, meu pai estava traçando sua genealogia. Ele era obstinado em seu trabalho e se baseava apenas em fatos verídicos. Minha mãe achava aquilo chato, o que me pareceu uma admissão de culpa por ela ter apimentado as histórias da família.

Aproveitei para falar disso com ela, especialmente sobre o enforcamento no dossel da cama.

– Não faz sentido, não tem lógica, além de ser muito dramático.

Ela se recusou a admitir. Discutimos sobre a história e, no final, ela parece ter cedido um pouco.

– Tudo bem, você não tem que acreditar em mim – ela disse.

Fui para casa, que ficava a menos de dois quilômetros de distância, me sentindo vitoriosa.

Naquela noite, minha mãe apareceu na minha casa segurando um recorte de jornal que havia guardado dentro da Bíblia da família. Escrito na tradição gótica sulista que eu conhecia tão bem, o relato incluía a mãe cega e inválida da tia dela, que, na sala ao lado, não pôde fazer nada a não ser ouvir a filha sufocar até a morte.

– O que acha da história agora? Ainda acha que inventei?

Admiti a derrota.

Quando a história do bebê encontrado vivo na videira também foi comprovada anos depois, numa pequena edição autopublicada em Angier, desisti. A essa altura, eu já era escritora e entendi que as histórias que ouvi na infância podem ter, em parte, me tornado a escritora que sou hoje ou, no mínimo, estimulado meu estilo. Não é por acaso que sou atraída por realismo mágico e fábulas e adoro um toque de absurdo.

Por um lado, não tenho certeza se foi uma coisa boa minha mãe ter me contado essas histórias em tão tenra idade, mas pode ter sido o impulso que levou uma romancista em ascensão a refletir e, num dado momento, transformar o que ouviu em outra coisa. Quando estava com 30 e poucos anos, já com dois livros publicados, decidi que estava na hora de escrever parte da história da minha família.

Outra história verdadeira: minha avó foi criada em uma casa de prostituição em Raleigh, na Carolina do Norte, durante a Grande Depressão. A mãe dela era a dona da tal casa. Isso foi escondido da minha mãe durante toda a sua infância. Minha mãe era a única que não sabia. Na realidade, foi meu pai que lhe contou quando, recém-casados, ele teve acesso a essa informação durante aquelas conversas lentas e arrastadas que só os homens da família tinham na varanda. Aquilo chocou minha mãe, mas ao mesmo tempo fez todo o sentido, como acontece com os segredos guardados há muitos anos.

Para ser sincera, também passei a acreditar que contar histórias da família, tirá-las do armário, é a maneira mais saudável de viver. Meu pai veio de uma família muito reservada. O pai dele morreu quando ele tinha 5 anos, num acidente de jipe quando estava no Exército, e ele só soube décadas depois, quando estava com mais de 40 anos, que a mãe tinha se separado do pai mais de um ano antes de isso acontecer. Ela deixou um bilhete no apartamento em que eles viviam, no Brooklyn, e levou os três filhos de volta para a Virgínia Ocidental, sozinha.

Isso não me pareceu nada saudável. Assim, quando me casei com um homem branco convencional, cuja árvore genealógica era mantida trancada a sete chaves, fiz campanha sobre a importância de não ter segredos, de contar tudo. A infância dele já tinha sido arruinada pelo divórcio dos pais, portanto ele estava disposto a tentar uma abordagem diferente.

A essa altura, minha avó estava com mais de 80 anos e já adoentada. Sabia que, para conseguir relatos de primeira mão de sua infância, precisava escrever a história imediatamente, ainda que não me sentisse pronta o suficiente.

Com um minigravador, me sentei ao lado de minha avó em seu apartamento em um condomínio cor-de-rosa, com seu poodle no colo, e comecei a entrevistá-la. Ela contou que teve uma infância maravilhosa, que amava seus pais. Tinha boas lembranças das mulheres que moravam na casa. Os homens lhe davam moedas para ir ao cinema. Mas, quando sua mãe começou a sair com um homem, ela e um de seus irmãos foram enviados para o orfanato por períodos curtos, e aos 15 anos ficou claro que ela não podia mais viver numa casa de prostituição. Era perigoso. Então, ela se casou com o melhor amigo do irmão, meu avô. Quando ele a agrediu pela primeira vez, ela pegou um ônibus e voltou para casa. A parte da história que eu não aceitava – e ainda não aceito – é que a mãe dela a mandou de volta para o marido.

Logo ficou claro que minha avó estava à vontade para dar as entrevistas, eu é que não estava pronta para ouvir. Achei difícil. Eu me emocionava e precisava ir ao seu banheiro cor-de-rosa para lavar o rosto e me recompor.

No final, ensinei minha avó a usar o gravador e a gravar sua história na hora que quisesse, no meio da noite ou quando estivesse acordada. Dessa forma, eu podia escutar as gravações e parar quando não conseguisse continuar.

Havia algumas coisas que a minha avó pediu que não contasse à minha mãe. Não eram muitas, mas eram relevantes. Assim, eu me tornei um cofre entre elas.

Embora a saúde da minha avó estivesse frágil, houve um momento em que ela disse à minha mãe: "Tem uma coisa que ainda não te contei". Estava claro que era algo importante, algo que ela precisava contar à minha mãe antes de morrer. Contudo, havia poucas coisas não ditas. As histórias que minha mãe me contou foram relatadas a ela, e eram muitas para se acompanhar. Minha pesquisa revelou muito do que tinha sido enterrado. Outras pessoas na família de contadores de histórias tiveram vidas longas e confessaram mais coisas à medida que envelheciam.

Minha mãe diz que respirou fundo e pensou: "Ai, ai, lá vamos nós". Ela explica sua apreensão da seguinte forma:

– Minha mãe me contou muita coisa. Ela era bastante sincera. Eu tinha certeza de que ela não havia me escondido nada. Não podia imaginar do que ela havia me poupado e tinha medo do que pudesse me dizer.

Neste breve momento, minha avó olhou para a filha e entendeu o que ela estava sentindo, uma mistura de medo e talvez melancolia. Depois daquele momento de surpresa, ela disse:

– Bem, talvez existam algumas coisas que você não precisa saber.

Minha mãe ficou aliviada. Na verdade, estava grata pela proximidade entre as duas dispensar a necessidade de qualquer diálogo.

Minha mãe volta a este momento de vez em quando. Será que ela negou alguma coisa à mãe? Será que ela pediu à mãe uma gentileza final e foi esse o verdadeiro presente que recebeu – não precisar saber?

– Admito que às vezes me pergunto o que ela teria me contado, mas não lamento – diz minha mãe, que era filha única. Minha avó a teve quando tinha apenas 17 anos. Elas eram mãe e filha, mas também cresceram juntas. Elas se amavam tanto quanto é possível duas pessoas se amarem.

Penso na mãe de meu pai, aquela que deixou o bilhete para o marido e levou os filhos de volta para as montanhas. O pai de seus filhos morreu. Para que revelar a eles que o casamento tinha acabado? Para que lhes contar que o pai gastava o salário com bebida e os deixava vivendo à míngua? Ele era maravilhoso à sua maneira. Por que não deixar os filhos com as poucas lembranças que durariam, caso de suas palhaçadas sincronizadas, das dancinhas e do riso fácil? Por que macular essas memórias? Há beleza e força em deixá-los ter a figura do pai exatamente como queriam e precisavam que ele fosse.

Assim como meus antepassados, acredito que as histórias podem nos salvar. Nossas histórias são nosso maior patrimônio. O que uma pessoa está disposta a compartilhar com outra é um teste de intimidade, um presente que é oferecido. Algumas pessoas podem ver as confissões da minha mãe como um peso que ela tirou dos ombros e colocou nos meus. Não entendo assim. Vejo como um momento de humanidade e partilha. Naquele instante, ela levantou o véu das boas maneiras, do cotidiano, e se mostrou verdadeira, vulnerável. Era sincera sobre si mesma e sobre aqueles que vieram antes de nós. Apesar de serem histórias sombrias, elas mostravam esperança. Afinal de contas, a narradora é uma sobrevivente. "Eu vivi para contar a história" não é um ditado sem fundamento. Minha mãe estava dando voz ao passado, àqueles que não podiam contar as próprias histórias. Contar histórias é lutar contra o esquecimento, contra a perda e até mesmo contra a mortalidade. Toda vez que uma história é contada sobre alguém que está morto, torna-se uma ressurreição. Toda vez que uma história sobre o passado é contada, estamos duplamente vivos.

Quando criança, eu sabia que o que estava vivenciando dia após dia não era a verdade completa. Todas as crianças sentem isso. Eu estava sendo protegida de alguma coisa. Minha mãe me deixou entrever algo por trás daquela barreira de proteção. Era reconfortante ter alguém que reconhecia que a infância cor-de-rosa que a nossa cultura propaga não é real. Ela me mostrou que a vida é complexa e rica – sombria, sim, mas também incrivelmente bela.

Minha mãe ainda me conta histórias, algumas novas que me surpreendem. Ultimamente têm surgido mais histórias sobre seu longo casamento com meu pai. São histórias de amor, às vezes um pouco picantes. Meus pais estão com 80 e poucos anos, ambos ainda saudáveis. Olhando para o passado, para a minha infância, sou grata por todas as histórias que ela me contou, não apenas pela escritora que me tornei, mas também pela intimidade que criamos com esse hábito.

Admito que também conto para meus filhos mais velhos algumas histórias. Minha filha mais velha, Phoebe Scott, está com 23 anos e faz esculturas em tamanho natural de corpos femininos, em especial corpos de mulheres idosas cujas histórias estão marcadas nos ossos e na pele. As histórias de família parecem estimular seu trabalho de maneira semelhante e ao mesmo tempo diferente de como alimentaram o meu.

Ainda assim, uma coisa me preocupa. Se minha avó guardou para si algo importante até o seu leito de morte, minha mãe também pode ter esse poder.

De vez em quando, me pego pensando: *E se ela não me contou tudo? E se o pior ainda estiver por vir? E se houver mais alguma coisa?*

Se este momento chegar e ela sussurrar que precisa me revelar algo antes de morrer, não vou me negar a saber. Não tenho essa determinação. Vou ter de saber.

Vou me inclinar sobre ela, mesmo sabendo que talvez não deva, e direi:

– O que é? Pode me contar.

A mesma história sobre a minha mãe

Por Lynn Steger Strong

Há uma história sobre minha mãe que costumo usar como antídoto para as outras histórias que conto sobre ela. Ao longo dos anos, tenho usado ambas para mostrar tanto como minha mãe é boa quanto para salientar como acho que ela é má. Talvez eu confunda as histórias, mas acredito que a maioria de nós faz isso. Escolhemos e organizamos as histórias e as contamos, para provar coisas sobre nós mesmos e sobre aqueles que fazem parte dessas histórias.

Esta história sobre minha mãe envolve um fim de semana em que ela apareceu para me obrigar a sair de meu dormitório de caloura da faculdade. Eu tinha 18 anos, era uma Pessoa Deprimida e passei a maior parte do tempo em que ela esteve lá dormindo na minha cama ou numa cadeira na biblioteca. Minha mãe aproveitou para limpar o quarto, lavar minhas roupas, suar e tomar um banho antes de me levar para jantar. Eu era uma Pessoa Deprimida Problemática e fiquei assim durante meses, a ponto de meu quarto emanar um fedor tão forte que incomodava as pessoas no corredor, que perguntavam o que estava acontecendo e, acima de tudo, me evitavam, embora olhassem para mim e talvez falassem de mim nas poucas vezes em que eu saía do meu quarto para usar o banheiro ou tomar banho.

Minha colega de quarto já havia se mudado há tempos, cansada de mim, mas também porque foi pega vendendo maconha dentro do campus. A solidão tornou o quarto ainda pior. Havia pilhas de roupa para lavar, sobretudo calças de moletom suadas que eu usava para correr e com crostas de açúcar, caixas de cobertura de bolo da Betty Crocker espalhadas, que era o que eu mais comia na época, e embalagens de outras comidas prontas das quais me entupia, como aqueles invólucros para os burritos que um dos meus amigos me trouxe nas semanas em que me recusei a sair do quarto.

Meus pais estão relativamente bem de vida e muitas vezes conto essa história para mostrar como minha mãe é muito mais do que a casa, o carro de luxo e todos os diamantes pendurados em suas orelhas, pulsos e dedos. Conto essa história para mostrar que ela veio do nada, que me ama e que trabalha duro. Conto essa história para mostrar todas as minhas facetas de criança inútil e mimada, cheia de privilégios. Mostrar que eu ficava lá, sentada, vendo ela bater máquinas e máquinas de roupa suja, fazer amizade com os meninos do segundo ano de quem tinha medo de me aproximar e que até ofereceram moedas para ela quando uma das máquinas de troco quebrou e ela comprou chocolate para eles em agradecimento. Uma vez, no outono seguinte, ela arrastou do metrô até o meu dormitório uma cadeira da loja Urban Outfitters que eu tinha gostado.

Contei essa história para mostrar como deve ter sido difícil ser minha mãe.

Durante anos, contei essa história como exemplo de sua força. Depois que tive filhos, mudei a história. Talvez tenha alterado a história porque tudo em mim mudou depois que tive filhos. Senti raiva da minha mãe durante boa parte dos primeiros anos em que me tornei mãe.

– Ela não falou comigo – comentei com alguém enquanto amamentava um dos meus bebês, coisa que ela não fez quando teve filhos, contando a mesma história do meu dormitório de caloura. – Ela não foi até a minha cama para conversar comigo. Ela não me perguntou o que havia de errado.

Ela sabia o que estava errado porque havia anos eu fazia terapia esporadicamente por causa de todas as merdas que eu tinha feito no ensino médio: o coma alcoólico, os acidentes de carro e o número absurdo de faltas que me levou a ser suspensa. Receitaram para mim todo tipo de medicação. Eu me recusei a tomar todos. Ela gritou comigo, chorou e se irritou. Eu era uma imprestável, inútil, uma idiota. Que porra havia de errado comigo? Ela entrou no meu quarto e tentou me abraçar embora eu fosse maior do que ela – por favor, por favor, por favor, ela repetia e me pedia para parar com aquilo.

No período em que eu estava com um bebê de colo e grávida, minha mãe e eu paramos de nos falar. Tínhamos brigado. Ela gritou comigo no telefone por causa de minhas deploráveis opções de vida – o estado de conservação e a localização do nosso apartamento no Brooklyn, a casa na Flórida que estávamos planejando comprar e que era quase uma ruína – e fez isso quando eu estava grávida pela segunda vez e havia me afastado do curso de pós-graduação. Algo mudou em nossa relação.

Agora ela insultava não apenas a mim, mas as escolhas que meu marido e eu estávamos fazendo para nossos filhos. Não era mais apenas a minha vida, mas a vida que estávamos tentando criar para eles. Gritamos uma com a outra. Não havia certo ou errado ou meio-termo. O que estava em jogo era se amávamos os nossos filhos. E se os amávamos da forma correta. Avisei que, depois de meses de brigas e discussões, eu precisava de um descanso. Queria ficar um tempo sem brigar, que era o que fazíamos sempre que nos falávamos.

A essa altura, minha história mudou mais uma vez. Escolhi dizer a ela que, se eu fosse minha mãe naquela vez que ela foi me buscar em Boston quando eu ainda era adolescente, uma Pessoa Deprimida pouco funcional, teria me forçado a dizer à minha filha o que havia de errado comigo. Eu teria conversado com ela, teria sido uma mãe *melhor*. Foi o que pensei na época e disse isso para outras pessoas, como se o melhor fosse tão claro e definido quanto imaginar como ela deve ter se sentido.

Sou muito boa em contar histórias. Como minha mãe, que é advogada contenciosa, também sou boa em ficar indignada. Sou boa em ficar furiosa quando me sinto injustiçada. Há uma espécie de emoção que corre logo abaixo da superfície da minha raiva, ou da minha tristeza. É uma sensação física atraente. Gesticulo enfaticamente e me mantenho de pé.

Quando eu tinha 16 anos, meu carro foi rebocado e minha mãe me levou até o pátio do reboque para recuperar o carro, mas não parou de reclamar o tempo todo, dizendo o quanto eu era desagradável, pavorosa, uma idiota inútil.

Ela me disse no meio da gritaria – coisa que ela fazia quase sempre e a qual passei a me referir como a minha preleção de cagada – que ela e meu pai não iriam desperdiçar seu dinheiro suado me mandando para a universidade. (Ela sabia que isso não era verdade, pois eles não se permitiriam ter um filho sem faculdade. Era apenas uma coisa que ela disse durante a preleção.) Ela me disse que se sentia impotente, cansada, e perguntava como eu tinha coragem de fazer isso, por que eu fazia essas coisas. Engordei, parei de ir à escola ou aos treinos de corrida. Bebia o tempo todo e era pega embriagada com frequência.

Ela gritava comigo enquanto dirigia seu carro vermelho conversível com a capota abaixada. Quando chegamos ao pátio de reboque, havia pilhas de carros amontoados no terreno. O homem disse à minha mãe que ela precisava pagar 600 dólares. Ela se virou para me encarar. Meus olhos estavam vermelhos de tanto chorar até poucos minutos antes. Meu rosto estava inchado por conta do peso que ganhei. Eu estava vestindo uma calça de pijama de algodão e um moletom. Nenhuma das minhas roupas cabia em mim, e isso era o que eu usava sempre que podia. Não importava se estivesse fazendo calor. Não importava que minha pele ficasse pinicando por causa das gotas de suor que fechavam os meus poros e provocavam um fedor que me deixava enjoada.

Minha mãe descarregou sua raiva no homem, que era, até onde eu sabia, apenas um funcionário do pátio do reboque. "Vou processar você", ela dizia. E explicou a injustiça que ele tinha feito ao rebocar o carro de uma garota de 16 anos, uma criança, ela repetia, que não tinha como saber, nem precisava saber, o que tinha feito. Isso só para nos explorar em 600 dólares, ela afirmava. Apontou para mim: "Para explorar esta criança", disse. Ela enfatizou a última palavra para destacar o que estava falando. Eu me encolhi, em parte por medo, mas também porque sabia que esse era o meu papel naquela situação. Ela ameaçou ligar para os jornais. E entrar com uma ação civil contra o pátio por todos os carros empilhados ao ar livre. Citou regulamentos e disse que era roubo manter os bens das pessoas como garantia desses valores.

O homem, que era grande e estava cochilando quando chegamos, com a barba por fazer e a barriga aparecendo por baixo da camiseta, deixou-a falar e então disse que podíamos pegar o carro e que, por favor, fôssemos embora imediatamente. Quando ela me entregou as chaves, vi a expressão em seu rosto mudar assim que ela se lembrou de que só estávamos do mesmo lado pelo tempo necessário para conseguir o que queríamos.

Isso deveria ser um ensaio sobre o que não posso dizer à minha mãe, sobre o que ainda não disse a ela. Quando me pediram para fazer isso, senti aquela emoção inicial de poder revelar o quanto ela conseguia me irritar. Mas isso não parecia novo, ou certo, ou era como se resumisse a maior parte do que sinto quando penso nela. Já disse a ela grande parte do que penso. Eu a magoei. Ela me magoou. Nada disso é segredo.

Outro dia, eu estava dando uma aula sobre estudos de gênero – para nove garotas adolescentes sentadas em círculo, ansiosas para obter uma resposta correta – e surgiu uma conversa sobre a maternidade. Falamos sobre as posições impossíveis nas quais as mães são colocadas, as formas pelas quais elas são os nossos modelos e o pouco espaço que as mães têm para suas necessidades e seus desejos. Minhas alunas não perceberam, mas comecei a chorar. As lágrimas caíam e, quando a aula acabou, entrei num reservado no banheiro e me sentei até o choro ir embora. Não falava com a minha mãe havia algum tempo. Não nos falamos muito. Não consegui lembrar exatamente o que senti quando conversamos pela última vez. Refleti por algumas horas depois do choro no banheiro e senti vontade de ligar para ela e lhe dizer que a amava. Mas não confiava numa conversa telefônica para isso. Eu temia que, se ligasse, ela falasse alguma coisa que tornasse muito difícil dizer que a amava depois disso.

O que não posso dizer à minha mãe é o que teria dito naquela ligação telefônica, e em outras tentativas, nas quais pego o aparelho, digito seu nome, olho para a tela e desisto. Talvez exista um abismo para todos nós, no qual a mãe que temos não combina com a figura da "mãe" que idealizamos e com tudo que acreditamos que ela deveria nos dar. O que não posso dizer a ela é tudo o que eu lhe diria se pudesse encontrar uma maneira de não ficar triste e com raiva.

Minha filha mais nova foi amamentada por muito mais tempo do que eu esperava, até quase completar 2 anos. Amei a naturalidade disso, da minha entrega. Ela chora, eu ofereço o peito. Ela se acalma e tudo fica bem novamente. Quando parei de amamentar, senti medo. De repente, não havia mais clareza ou um jeito garantido de acalmá-la. Quando ela precisava, queria, sofria, eu contava apenas com a minha intuição: palavras, abraços, apelos, perguntas, esperas. Só me restava a maneira imperfeita e abstrata que os humanos têm de demonstrar seu amor.

Uma vez uma terapeuta me disse que simplesmente nasci na família errada. O "simplesmente" é da terapeuta, não meu. "Nós temos valores diferentes" é uma coisa que às vezes digo às pessoas que perguntam sobre os meus pais, mas sei que soa mais subjetivo e crítico do que é a minha intenção. Somos pessoas muito diferentes, bastante peculiares, que ocasional e propositalmente se magoam e se amam de maneira precária e intensa. Conforme envelheço e me torno uma mãe mais experiente, isso parece tão atual e tão difícil como quando eu tinha 14 anos. Também me sinto como quase todas as outras vidas.

Outro dia, deixei meus filhos assistindo à TV enquanto limpava o banheiro. Raramente faço isso. Minha mãe me deixava ver muita televisão quando eu era pequena. Depois de passar a semana toda trabalhando, ganhando dinheiro de uma forma que até hoje não consegui fazer por meus filhos, minha mãe às vezes passava o fim de semana limpando a casa para a família de um jeito que também não consigo fazer por meus filhos. Na época, isso me incomodava por mil motivos, até porque indicava que eu teria que fazer isso quando fosse adulta, e eu achava que poderia haver outras maneiras de amar e ser amada.

Mas acabei fazendo o mesmo que ela algumas semanas atrás. Eu estava cansada. Eles ficam mais carentes do que satisfeitos. Estão naquela idade em que conseguem ficar sentados na frente da TV por horas. Limpei o banheiro, porque não estava disposta às complicadas formas de demonstrar meu amor e entretê-los, caso desligasse a TV e passasse o dia ao lado deles. Quase nunca limpo o banheiro e estava de fato nojento. Limpar o mofo do ralo, esfregar o fundo da banheira para tirar os restos de sabão, as mãos vermelhas por causa do cloro, os joelhos doloridos. A sensação era de estar me doando de uma forma ao mesmo tempo familiar e essencial, pois achei que era o que eles precisavam, demonstrava o tipo de mãe que eu queria ser e também porque me senti como minha mãe.

Assim como aconteceu em tantos dias antes disso, quase liguei para minha mãe hoje. No espelho, vejo braços finos demais e muitas sardas nos ombros, um nariz largo, cabelo curto, suor escorrendo pela testa – eu parecia muito com ela; me sentia muito parecida e queria lhe dizer isso. Mas falei isso a ela em telefonemas anteriores e foi um fracasso todas as vezes. Ela não queria esclarecer ou analisar a nossa semelhança, até porque sempre começo com a vontade de abordar como nos afastamos. Ela não gosta muito de falar sobre seus sentimentos. Fica ansiosa quando lhe peço para pensar nas coisas que estão por trás dos nossos desentendimentos e entre nós, e quase sempre ela se sente atacada.

O que não posso dizer à minha mãe é que ela me machucou e que sinto raiva, mas isso já não é mais tão importante. Todos nos magoamos uns aos outros. Mas ela não podia ter me magoado. Não podia ter me deixado com essa raiva. O que eu gostaria de poder dizer a ela é que finalmente estou em paz com isso.

Enquanto tudo isso me parece americano

Por Kiese Laymon

Tenho 9 anos e estou participando da colônia de férias de verão da Universidade de Jackson. Renata, 21 anos, aluna da universidade, é a orientadora da colônia de férias. Ela é a única pessoa que conheço no acampamento. No primeiro dia, todos os participantes fazem exames físicos. No formulário, no espaço para preenchimento do peso, o médico escreve numa letra manuscrita confusa a palavra "obis". Pergunto a uns gêmeos mais velhos se o exame deles também tem a palavra "obis".

– Isso significa obesidade, mano – um deles diz. – Significa que você está gordo demais para a sua idade.

Pesquiso a palavra "obesidade" quando chego em casa. Minha babá aparece para cumprir seu turno. Quando ela vai embora, eu me sinto menos obeso.

No segundo dia de acampamento, conto aos gêmeos que disseram que eu era obeso que já vi a Renata, orientadora da colônia de férias que todo mundo diz que é mais magra que Thelma Evans, nua.

– Vocês acham que ela está com o corpo legal agora? – lembro que perguntei aos dois e completei: – Ela fica muito melhor sem roupa.

Quando um dos gêmeos me diz que não há como Renata jamais ter ficado nua perto de um "pretinho obeso" como eu, descrevo uma marca de nascença entre os seios de Renata. Os gêmeos fazem um muxoxo, mas acabam contando a uns garotos mais velhos que contam a outros garotos mais velhos. Antes do final da semana, grande parte do acampamento está chamando Renata de "vagaba" pelas costas.

E também na cara dela.

Renata e eu não conversamos no acampamento. Ela faz de tudo para me evitar. Chego a mudar o meu itinerário para não esbarrar com ela. Mas ela vai à minha casa duas noites naquela semana, como fez em todos os meses anteriores. Tecnicamente, Renata é minha babá. Ela me adora. Quando Renata chega, assistimos a partidas de luta greco-romana. Lemos alguns livros. Jogamos Atari. Bebemos Tang. Renata faz coisas indecentes com meu corpo. Essas coisas indecentes me fazem sentir eleito, amado. Renata age como se essas coisas indecentes a fizessem se sentir eleita e amada também. Um dia, verei e escutarei Renata fazendo coisas indecentes com seu namorado de verdade. Ouvirei Renata pedindo para ele parar. As coisas indecentes que ele faz com ela não vão fazer Renata se sentir eleita e amada. Não me importo com o que ele está fazendo com Renata. O que me importa é que Renata não me escolha mais.

Mais de trinta anos depois, a 258 quilômetros de distância de onde Renata e eu nos conhecemos, voltam à minha memória o sabor, a temperatura e a textura do Tang que bebi logo antes de Renata colocar seu seio direito na minha boca pela primeira vez. Lembro-me da pressão que ela fez para fechar as minhas narinas. Lembro o que sua mão esquerda fez no meu pênis. Lembro que flexionei e contraí meu corpo com força quando ela tocou minha pele, não porque estivesse com medo, mas porque queria que Renata pensasse que meu corpo preto, gordo e macio fosse mais duro do que realmente era.

Não acho que espalhei aquela fofoca sobre Renata por causa das coisas que ela fazia com o meu corpo. Espalhei a fofoca porque ela era uma garota negra mais velha e eu sabia que espalhar boatos sobre garotas negras, independentemente da idade delas, era uma forma de os garotos negros de qualquer idade dizerem "eu te amo" uns aos outros.

Mais de trinta anos depois, nos dias em que meu corpo e minha mente estão mais desgastados, sinto vontade de me dar os parabéns por não ser um Kavanaugh, um Trump ou um Cosby. Quero creditar meu comportamento negativo e meus relacionamentos destruídos às experiências de violência sexual que tive na infância, ou à falta de dinheiro, ou aos comportamentos das pessoas brancas, ou às surras que levei, ou à necessidade de as crianças negras do Mississippi serem gratas por como são aterrorizadas. Minha experiência nesta nação, em meu estado, em minha cidade, em todos os tipos de ambientes norte-americanos, é bem mais assustadora, mais repulsiva, mais condicionada – e influenciada pelos círculos concêntricos de violência para dizer que prejudiquei alguém neste país simplesmente por causa de uma experiência negativa única. Também não posso dizer que alguém neste país tenha me ofendido por causa de uma experiência negativa única na infância.

Ninguém que vive nesta nação tem tanta sorte assim.

Tenho refletido muito ultimamente sobre a importância da palavra "enquanto" quando penso em causa e efeito nos Estados Unidos. "Enquanto" é uma palavra que usamos muito. Há décadas, as feministas negras e os cientistas políticos negros tentam nos ensinar a compreender o "enquanto". Enquanto Renata me traumatizava de um jeito que eu não podia traumatizá-la, eu a traumatizava de um jeito que ela não podia me traumatizar. Nesse meio-tempo, a violência sexual em nossas comunidades acontecia em paralelo à violência doméstica, à desigualdade econômica, aos despejos e às prisões em massa, aos governos fracassados e aos professores agressivos, enquanto estudantes maltratados se maltratavam e maltratavam os irmãos mais novos.

Ano passado, finalizei uma obra de arte que fiz para você e que havia começado aos 12 anos. Minha intenção era explorar artisticamente a forma e as consequências em nossos corpos do não reconhecimento de tantos segredos nacionais e familiares. Você concordou que eu devia chamar aquele trabalho de arte de *Pesado*.

Depois da nona versão de *Pesado*, compreendi, num impulso criativo, que é uma irresponsabilidade prejudicar alguém que me amou intimamente e depois me redimir em público do mal que fiz àquela pessoa numa publicação em troca de dinheiro corporativo e desprezíveis questões masculino-feministas. Apesar de ter sido maltratado e sofrido abuso na infância, nunca precisei passar pela experiência de ver alguém confessar em público ter abusado de mim porque foi manipulado financeiramente.

Isso pode mudar amanhã, mas hoje a pergunta mais importante em meu mundo é: na verdade, sobre o que eu quero mentir? Será que estou disposto a não apenas responder a essa questão como levar em consideração as consequências interpessoais e estruturais dessa pergunta e de nossas mentiras? Por que realmente quero mentir? Por que mentimos tanto, e por tanto tempo, uns para os outros? Como reagirei quando for cobrado por essas mentiras? Ainda quero desesperadamente mentir sobre os maus-tratos e abusos que infligi às pessoas que me amavam. Ainda quero acreditar que não tenho relacionamentos românticos porque sempre fui um cara decente, não porque sempre fui um garoto negro gordo com medo de ser rejeitado, de não ser escolhido. Ainda quero acreditar que um trabalho literário arrebatador precisa que nós, homens norte-americanos, saibamos identificar emocionalmente o sofrimento que causamos, correlacionando esse sofrimento a um trauma, e muitas vezes recebendo parabéns das mulheres por "nossa honestidade" ao lidar com esse trauma ao mesmo tempo que negligenciamos o sofrimento que causamos. Ainda quero desesperadamente acreditar que uma coleção ou catálogo aleatório de confissões selecionadas com cuidado é o que torna a arte duradoura. Sei que não é isso.

Porém, quero continuar mentindo sobre isso.

Terminei de revisar o livro de memórias que comecei a escrever para você na varanda da casa da minha avó aos 12 anos, não porque queria contar a jornada da minha formação, mas porque não podia mais mentir sobre o que me tornei. Eu me tornei um escritor negro de sucesso, covarde, solitário, doentio, viciado e emocionalmente abusivo. Ao escrever o livro, descobri que nunca fui honesto com ninguém. Descobri que, apesar de os abusos estruturais ditarem grande parte de nossas vidas, as pessoas que mais prejudiquei neste país são as que achei que amava. Descobri que há pessoas apaixonadas neste país que amam com sinceridade, rigor e generosidade, embora sejam visadas, maltratadas e manipuladas por pessoas, por instituições e pela política.

Há professores que fazem tudo o que podem para compreender o estilo e o contexto de vida de seus alunos ao mesmo tempo que os educam com ética sem lhes fazer mal. Há dirigentes e membros de conselhos de administração que arriscam seus empregos colocando a saúde de pessoas vulneráveis à frente do desempenho das instituições. Há pais que tomam todas as decisões na vida com uma preocupação: como aquilo vai afetar não só seus filhos, mas todas as crianças vulneráveis no planeta que não têm dinheiro suficiente para cuidar da saúde, pagar por transporte e pela própria alimentação.

Mas a verdade é que há poucas pessoas que pensam assim nos Estados Unidos.

Ou talvez acreditemos que somos esse tipo de gente com muita frequência. Sei que eu acredito. Se essa escolha é realmente a base do terror norte-americano, como penso que é, reconhecê-la deve estar na raiz de qualquer simulacro de liberação neste país. Sei que, depois de terminar este projeto, o problema neste país não é que fracassamos em "conviver" com as pessoas, os partidos e os políticos com os quais discordamos. O problema é que somos péssimos em amar pessoas, lugares e políticos que pretendíamos amar. Peguei *Pesado* com você porque queria que melhorássemos no quesito amor.

Depois de ler o que lhe parecia *Pesado*, você escreveu para mim:

> *Em minha memória, ouço nossas risadas, nossas discussões, minha eterna preocupação com sua segurança, suas boas notas no quinto ano. Lembro-me de todos os seus jogos de basquete em locais rurais remotos, suas escolhas no quesito namoradas, as viagens a Nova Orleans e Memphis, os desfavorecidos e, sim, o medo de te perder muito cedo, seja porque você me viraria as costas, seja porque seria morto por uma bala perdida. Eu vivia com medo, mas talvez devesse ter me forçado a viver com mais coragem, menos exigências e mais convicções. Fiz algumas escolhas erradas.*

Quando Renata fugiu da minha casa quase nua com o namorado há mais de trinta anos, meu coração ficou despedaçado. Fiquei com a sensação de ter perdido o amor da segunda mulher adulta que me escolheu. Sei agora que não amava Renata. Eu amava como a Renata me fazia sentir. Não tenho certeza se amei você. Sei que amava como às vezes você me fazia sentir. Mesmo que Renata tivesse optado por me magoar, pelo menos ela queria ter contato físico comigo. Por razões absolutamente americanas, para mim esse contato rude parecia ser amor, porque ela poderia estar tocando qualquer outra criança negra em nosso bairro. Por razões absolutamente americanas, não pensei no abuso que Renata estava vivendo, não só por parte do namorado ou dos pais, ou professores, mas por parte de todos os meninos do nosso mundo e de mim também. Agora que refleti sobre tudo isso, e compartilhei com você, como permitiremos que tudo isso, todos os enquantos, qualquer um dos enquantos, melhore a nossa capacidade de nos amar no futuro? Essa é a única questão que me interessa neste momento. Você consegue me dizer quais questões são importantes para você? Será que podemos passar o resto da vida falando dessas questões? Será que podemos, por favor, melhorar a capacidade de amar uns aos outros em nosso país?

Língua materna

Por Carmen Maria Machado

Alguns meses antes da minha esposa, Val, e eu nos casarmos, decidimos fazer algumas sessões de terapia de casais, com uma profissional não religiosa, com o objetivo de nos prepararmos para a vida juntas. Queríamos começar bem a relação – identificar o que nos faltava e criar estratégias para nos ajudar a ter sucesso. Achei que a terapeuta, uma mulher inteligente e bastante engraçada chamada Michelle, era exatamente o que precisávamos. Ela foi atenciosa e encontrou uma maneira criativa de penetrar em cada uma das nossas defesas – o lado emocional de Val, o meu retraimento em relação a isso. (Ao perceber o que as duas primogênitas precisavam, ela nos encheu de elogios por nossos esforços e nos deu um certificado quando, enfim, recebemos alta.) Quando surgiu o tema filhos – na verdade houve uma sessão inteira dedicada ao assunto, uma versão de aconselhamento pré-matrimonial estilo maratona de séries na TV –, fiquei surpresa ao descobrir que tinha sentimentos ambivalentes sobre a maternidade.

É óbvio que Val e eu já havíamos conversado sobre filhos. Logo que ficou claro que queríamos ficar juntas, concordamos que, apesar de não ser necessário definir data e método naquele momento, ambas queríamos constituir uma família. Quando nossos sobrinhos nasceram, tivemos uma prévia da experiência de ter filhos: é exaustivo, confuso, mas divertido e mágico. Sim, era algo que com certeza queríamos.

Portanto, naquela sala, quando disse à minha futura esposa "Não sei se quero ter filhos", fiquei surpresa e depois senti aquela comichão no nariz que precede o choro. Repeti para mim mesma, sem acreditar no que estava saindo da minha boca: "Não sei se quero ter filhos". Tive a sensação de que ia começar a chorar, mas depois passou. Fiquei lá sentada com essa informação na cabeça, uma informação que parecia recente ainda que não fosse.

Ao longo da vida, meus sentimentos sobre maternidade variavam de ambivalentes a entusiasmados. Adoro bebês, com suas perninhas gordinhas e rostinhos de cenho franzido e punhos de pugilistas. Já crianças pequenas me deixam aflita, por conta de sua irracionalidade, seu ego, sua sociopatia. Adoro crianças mais velhas que podem falar sobre a escola e os livros que estão lendo, embora os adolescentes permaneçam uma perspectiva totalmente desconhecida e intimidante para mim. Como hipocondríaca, tenho pavor da gravidez e seus riscos médicos. Como hedonista, não quero abrir mão das doses de uísque, dos sushis e dos queijos cremosos. Como escritora, temo trocar o tempo dedicado à escrita pela criação dos filhos.

Quando era mais nova, não sabia se queria ter filhos. Depois, na primeira vez que me apaixonei, aos 23 anos, uma espécie de botão hormonal foi acionado e passei da incerteza aos arroubos de desejo. Refleti sobre a ideia de ter filhos com um foco insólito, mesmo sem estar namorando, mesmo sem querer ficar grávida. Sonhava constantemente que estava grávida. Os sonhos eram sempre iguais: eu estava deitada na cama, passando a mão sobre um barrigão, sabendo que em breve tudo mudaria.

Quando eu era criança, o amor que sentia por minha mãe era descomplicado. Fui muito adoentada, e como ela era dona de casa, passava muito tempo me levando a médicos. Quando eu estava em casa, assistia a novelas – *All My Children* [Todos os meus filhos] era a favorita dela – enquanto ela passava roupa ou se exercitava. Acho que ela adorava essa versão de mim, com dificuldades infantis em todos os aspectos. Era uma boa mãe para crianças pequenas.

Minha mãe tinha oito irmãos. Nove crianças numa fazenda que nunca tiveram nada para chamar de seu. Tinha dificuldades na escola, mas sua atitude positiva e aguerrida a levou para a Flórida aos 18 anos, bem longe do Wisconsin, seu estado natal. Ela era muito divertida, encantadora e gentil, diferentemente dos aspectos mais comuns da família, que sempre foi marcada por uma personalidade difícil, de teimosia e presunção. Características que eu, lamentavelmente, herdei.

Quanto mais envelheço, mais difícil se torna nossa relação. Toda mãe de adolescente não entende o filho, mas na minha opinião minha mãe não me entendia *especialmente*. Eu era a filha mais velha e a mais complicada. Meus problemas eram mais velhos e mais complicados também.

Eu não precisava tanto da minha mãe, mas sim de uma rede complexa de coisas: apoio à saúde mental, um tutor de química, um emprego, um mundo que não humilhasse adolescentes gordas ou odiasse mulheres, um mentor *queer*, alguém para me ajudar a me inscrever na faculdade e, além de tudo isso, que a recessão não começasse no mesmo ano da minha formatura. Meus irmãos começaram a amadurecer e desenvolveram versões difíceis de si mesmos, e saímos da órbita dela.

Minha mãe decidiu voltar a estudar para tirar o diploma da graduação. Conseguiu. Depois disso, ela pulou de emprego em emprego, tentando encontrar sua paixão: imóveis, educação especial, restauração de móveis, comércio. Nada dava certo. À medida que sua frustração com a vida aumentava, eu florescia na escola, entrava para a faculdade e fazia um mestrado em artes. Um abismo enorme e intransponível se abriu entre nós. Sempre que a encontrava, ela fazia questão de deixar claro que, apesar de minhas realizações, eu era um fracasso. "Você precisa aprender a fazer escolhas melhores", ela dizia, embora nunca dissesse quais escolhas melhores seriam essas. Mas o que eu entendia era: *Quem me dera ter feito escolhas melhores*. Eu não podia ajudá-la nisso.

Voltei a morar em casa, no sudeste da Pensilvânia, dois meses depois de me formar na pós-graduação. Val e eu éramos namoradas na época, então voltamos para a casa de nossos pais por um tempo para procurar emprego. Os pais dela estavam muito mais felizes em ter a filha de volta. Já eu tive várias brigas por ter retornado: meu pai repetia que eu era bem-vinda a qualquer momento, porque eles eram meus pais e me amavam, mas minha mãe dizia que lá *não* era a minha casa e que ela só me deixava ficar por causa de meu pai. Eu disse a ela que sabia que não era a minha casa, que iríamos embora assim que eu e Val arranjássemos um trabalho na Filadélfia.

Fiquei instalada num quarto de hóspedes desconfortável, o antigo quarto de meu irmão, que estava tão entulhado de móveis que não sobrava espaço para guardar uma mala, muito menos andar. Minha mãe me proibiu de comer e beber lá dentro porque deixaria tudo "bagunçado". Ela abria a porta do quarto periodicamente para "checar" como estavam as coisas e se certificar de que estava tudo bem – sei lá, quem sabe eu não estava fazendo um sacrifício de sangue ou criando abelhas em seu quarto de hóspedes? Se os lençóis estivessem do avesso ou meus pijamas jogados em cima da colcha, eu ouvia um grito apavorante que ecoava pela casa inteira. O estereótipo da pessoa passivo-agressiva do meio-oeste nunca se encaixou em minha mãe. Ela sempre tem algo a dizer sobre qualquer coisa e precisa estar em conflito. Na verdade, herdei isso dela. É uma das minhas piores e melhores características.

Durante o dia, enquanto procurava um emprego na Filadélfia, eu trabalhava como autônoma, escrevendo. Como a casa de meus pais era muito barulhenta (o noticiário no volume máximo, minha mãe gritando com meu pai), eu me sentava na varanda dos fundos para trabalhar ouvindo o piar dos pássaros e a *batida* distante de uma bola de futebol. De tempos em tempos, minha mãe ia lá fora ver o que eu estava fazendo.

– Você não pode ficar aí sentada. Tem que arranjar um emprego – ela dizia.

– Estou trabalhando – eu respondia, apontando para o computador.

– Qual é o sentido de fazer uma pós-graduação se você não consegue arranjar um emprego? – ela perguntava.

A pergunta sobre o que eu *ia* fazer depois da pós-graduação era bizarra porque mirava o cerne da minha ansiedade e porque revelava o pouco que ela conhecia, ou entendia, sobre mim e minha vida. Tentei explicar meu trabalho, dizer que ganhava 35 dólares por hora para "ficar ali sentada" e por que razão me candidataria a empregos daqui se minha intenção era de me mudar para a Filadélfia? Mas ela parecia não acreditar ou me entender. Para ela, o trabalho era uma coisa única e, se eu não estivesse dobrando roupas ou empunhando uma vassoura na minha cidade natal, não estava de fato trabalhando. Ela marcava empregos ao acaso nos classificados do jornal local e deixava comigo. Será que eu não queria ser motorista do ônibus escolar? Ou trabalhar em televendas? Quem sabe como digitadora de dados? Virei especialista em arremessar teatralmente o jornal na lata de lixo.

– Como vai pagar esses empréstimos estudantis se não arranjar um trabalho? – ela perguntava.

– Nunca atrasei um pagamento. E eu *estou* trabalhando – respondia.

– Você nunca vai pagar esses empréstimos estudantis e depois vai sobrar para mim e seu pai. Você sabe disso, não é?

Lá íamos nós mais uma vez. O leitor pode pensar que se trata de um tipo inadequado de ansiedade e amor maternal. Pode até ser. Mas achei que ia enlouquecer. Não havia confiança, afeto, nenhum interesse, somente cobranças ignorantes. Parecia que eu estava vivendo num universo paralelo, onde tudo o que tinha feito na vida não fazia a menor diferença. Voltei a ser uma criança inútil. Nada me pertencia. Nem meu tempo, nem minha agenda, nem minhas escolhas. *(Se você dormir demais, não vai arranjar um emprego/Se namorar demais, não vai arranjar um emprego/Você sabia que precisa de um emprego para pagar o empréstimo estudantil?/Para que você estudou se não consegue arranjar um emprego para pagar seu empréstimo estudantil...)*

– Não pense que vai poder ficar aqui, não pense que pode simplesmente se mudar para cá e morar nesta casa – ela me disse uma tarde.

– Você acha mesmo que quero ficar nesta casa, que é um pesadelo infernal à la Kinkade, com você bufando no meu cangote, em vez de morar na Filadélfia com minha namorada? Você está realmente maluca – respondi.

Ela fez uma careta e não disse nada. Não sei o que ela queria de mim, mas o que eu queria era ficar o mais longe humanamente possível dela. E assim o fiz.

Perto do fim do período na casa de meus pais, Val veio me visitar. Ela estava avançando em sua busca por emprego e sentíamos falta uma da outra. Para evitar ter que lidar com minha mãe, ficamos no meu quarto tomando água com gás, comendo pipoca e assistindo a um filme no meu laptop. No térreo, minha mãe escutou ruídos de nossa indiscrição, da desobediência à sua regra de não comer ou beber no quarto – o cheiro da pipoca, talvez, ou aquele sexto sentido materno – e começou a gritar. Sua voz subiu pela escada, aguda e enraivecida. Eu a ouvi falando com meu pai da forma que ela sempre fazia quando eu era criança, uma conversa dura feita para ser ouvida, para provocar vergonha. Eu era ingrata, ela dizia. Inútil e desrespeitosa. Eu não pertencia àquele lugar e ela queria que eu fosse embora.

Algo explodiu dentro de mim, como se eu tivesse dado um mau jeito nas costas. Percebi que estava lutando contra um elemento ilógico e imutável e podia muito bem perder a cabeça porque ser sensata e atenciosa não estava me levando a lugar nenhum. Desci ao térreo com a pipoca na mão e parei na frente dela.

– Você é um pesadelo. Você é uma pessoa ignorante e amarga. Você e essa casa são um verdadeiro pesadelo. Você é um ser humano infeliz e tem todo o direito de ser assim, mas me recuso a ser infeliz com você – desabafei.

– Você é egoísta. Egoísta e convencida, acha que tudo pertence a você – ela respondeu.

– Sim – eu disse e com calma despejei no chão a pipoca que estava no pote.

Ela se levantou e saiu da sala. Depois que ela saiu, varri a pipoca do carpete, joguei tudo na lixeira, depois subi e fui dormir.

Na manhã seguinte, Val e eu fomos para a Filadélfia e ficamos no apartamento de uma amiga. Nós nos mudamos algumas semanas depois, quando Val arranjou um emprego em horário integral e eu acumulei vários trabalhos temporários: professora adjunta, vendas e trabalhos como freelancer. Conseguimos fazer as coisas darem certo, e tem sido assim desde então.

Saboreei aquele momento, o momento em que finalmente me comportei mal, como ela sempre achou que eu faria. Foi, de certa forma, prazeroso atender às expectativas dela de maneira tão impecável, sabendo que nunca mais precisaria fazer isso.

Minha mãe e eu não nos falamos mais. Não começou nesse episódio da pipoca, embora aquilo tenha sido o começo de alguma coisa maior, a descoberta de que podia escolher como viver a minha vida, e uma dessas opções era não ter mais contato com ela. Já se passaram cinco anos. Ela não compareceu ao meu casamento, pois primeiro eu tinha que "consertar o nosso relacionamento" para que ela se dignasse a participar, ela me avisou por e-mail, e eu nem sequer perdi tempo respondendo. Acho que a palavra que cabe aqui é "distante", e há mesmo algo estranho nisso: penso nela com distanciamento, como se ela fosse alguém que conheci numa aula de introdução à Biologia no primeiro semestre da faculdade, em vez da mulher que me criou.

Não sei o que ela acha de mim atualmente. Tudo o que sou prova que ela estava equivocada a meu respeito e, mesmo assim, a mulher com quem convivi a vida toda não se desculpa, não admite que errou. Acho que ela me ama, da mesma forma que acredito que é melhor não fazermos parte da vida uma da outra. Minha identidade foi moldada pelo que ela não é. Para mim, ela é um exemplo de como não levar a vida. Acredito que o orgulho que ela sente por minhas realizações e seu amor por mim estão ativamente em confronto com seus ressentimentos, mas não quero, nem preciso, prestar atenção nessa guerra civil.

Voltando à maternidade, evito pensar nas inúmeras preocupações, que vão desde as questões práticas, como as despesas, passando pelas mais egoístas, como nossa carreira profissional e o prazer que temos uma com a outra, até as questões irracionais, como a ideia de que meu filho possa crescer e um dia escrever um ensaio sobre mim numa antologia chamada *As conversas que nunca tive com a minha mãe: parte 2*, e só então eu ter uma perspectiva clara e ampla de minhas próprias falhas e idiossincrasias.

Acredito que a minha mãe ansiava por uma vida individualista. Não acho que se imaginou lutando para descobrir a própria identidade aos 40, 50, 60 anos. Não a culpo. Também quero ser egoísta. Quero escrever livros, viajar e dormir até tarde. Quero preparar refeições estranhas e complicadas e passar todo tempo livre com minha esposa. A diferença entre nós – além do fato de que ela fez a sua escolha e eu a minha – é que com minha esposa o ato de fazer um bebê é proposital por definição. Temos que guardar dinheiro, escolher o esperma, passar por procedimentos complicados, caros e invasivos para nos tornarmos mães. Não podemos ser mães por acaso, como acontece com os casais heterossexuais. Acho que é melhor assim. Nada de *opa!* e passar a vida inteira como uma hidra raivosa que não pode ser controlada ou mantida. Mas, obviamente, esse é o tipo de problema que não se pode aprender de um jeito e fazer de outro. Ou bem você é mãe, ou não é.

Esse é o tipo de conversa que eu e minha mãe nunca tivemos. Não tenho culpa da infelicidade dela. Ela teve a chance de me conhecer, de realmente me conhecer como adulta, artista e ser humano, mas jogou fora a oportunidade. Não me arrependi nem por um segundo de nosso afastamento. Na verdade, continuo esperando que ela se arrependa e me surpreendo por isso não acontecer. Fico triste por ela ser tão insatisfeita com a própria vida. Não desejaria isso para o meu pior inimigo. Tenho saudade da relação que tivemos na minha infância, mas não sou mais criança e nunca mais serei. O que me impede de enfrentar a maternidade com entusiasmo não é o dinheiro, a ambição, a hipocondria ou o individualismo. É o medo de ter aprendido menos na infância do que deveria, de ser mais parecida com ela do que gostaria.

Você está me ouvindo?

Por André Aciman

Sempre soube que minha mãe não conseguia ouvir direito, mas não me lembro quando percebi que ela sempre foi surda. Se tivessem me dito isso, eu não teria acreditado. Não foi diferente quando aprendi sobre sexo. Alguém deve ter me contado os fatos da vida e, embora não tenha ficado surpreso e provavelmente já soubesse, não confiava em nada daquilo. Entre saber algo e se recusar a admitir, existe um abismo nebuloso que até os mais esclarecidos entre nós estão felizes em habitar. Se alguém me deu o relatório oficial sobre minha mãe, esse alguém foi minha avó por parte de pai, que não gostava da nora e achava os amigos surdos de minha mãe tão repulsivos quanto um bando de galinhas desajeitadas cacarejando na sala de estar de seu filho. Se não foi a minha avó, deve ter sido a maneira com que as pessoas ironizavam minha mãe na rua.

Alguns homens assoviavam quando ela passava porque era bonita e sexy e tinha uma maneira de encarar as pessoas com certa audácia até que elas desviassem o olhar. Mas quando ela ia às compras e falava com a voz monótona e gutural dos surdos, as pessoas riam. Em Alexandria, no Egito, onde morávamos até sermos sumariamente exilados, como todos os judeus do país, era isso que as pessoas faziam quando alguém era diferente. Não era uma gargalhada, mas um risinho de deboche, quase de desdém, tão desprovido de alegria quanto cheio de crueldade. Ela não ouvia a risada das pessoas, mas entendia suas expressões. Deve ter sido assim que ela, enfim, entendeu por que as pessoas sorriam quando ela achava que estava falando como todo mundo. Quem sabe quanto tempo ela levou para perceber que era diferente das outras crianças, para entender por que algumas se afastavam e outras, com a intenção de serem gentis, ficavam acanhadas e deixavam que ela participasse das brincadeiras?

Nascida em Alexandria em 1924, após o fim do domínio colonial britânico, minha mãe pertencia a uma família judia de classe média que falava francês. Seu pai era um comerciante de bicicletas de sucesso e não poupou gastos na tentativa de encontrar uma cura para sua surdez. Sua mãe a levou aos mais reconhecidos especialistas da Europa, mas voltou desanimada após as consultas. Segundo os médicos, não havia cura porque a perda da audição foi consequência da meningite que ela teve com poucos meses de idade, e esse tipo de surdez não tinha cura. Seus ouvidos eram saudáveis, mas a meningite afetou a parte do cérebro responsável pela audição.

Naquela época, ninguém tinha orgulho de ser surdo. A surdez era um estigma. Os mais pobres muitas vezes negligenciavam os filhos surdos, condenando-os a uma vida de trabalho braçal. As crianças ficavam analfabetas e sua linguagem era primitiva, gestual. Na visão esnobe dos meus avós, se não era possível curar a surdez, era preciso escondê-la. Se você não tivesse vergonha disso, aprenderia a ter. Minha mãe aprendeu a ler os lábios, a não gesticular e a falar com a própria voz, não com as mãos. Se ninguém come com as mãos, por que falaria com elas?

Minha mãe chegou a ser matriculada em uma escola judaica francesa, mas em poucas semanas seus pais e professores perceberam que a escola não tinha condições de atender uma criança surda, então ela foi enviada a uma escola especializada em Paris, dirigida por freiras. Na verdade, a escola era uma instituição para ensinar meninas ricas a se comportarem em sociedade, não uma escola para surdos. Minha mãe aprendeu a ter uma boa postura, mesmo andando com um livro na cabeça, e a se sentar à mesa corretamente. Ela aprendeu a costurar, tricotar e bordar, mas era uma criança instável e agitada e se tornou uma garota travessa que colecionava bicicletas da loja de seu pai. Ela não gostava de brincar com bonecas e não tinha paciência para o *savoir faire* francês, nem para o charme ou atitude dos franceses.

Ela voltou para Alexandria dois anos depois, onde passou a estudar com uma grega bem-intencionada e inovadora que dirigia uma escola francesa para surdos na cidade. A escola era acolhedora e tolerante e emocionava com o propósito de sua missão. O trabalho na sala de aula, no entanto, consistia em longas e exaustivas horas de aprendizagem para imitar os sons que minha mãe nunca conseguiu ouvir. O restante do tempo era dedicado às sessões de leitura labial: leitura labial frontal e, no caso da minha mãe, como ela aprendia rápido, leitura de lábios de perfil. Ela aprendeu a ler e escrever, adquiriu um conhecimento rudimentar da língua de sinais, teve aulas de história e um pouco de literatura. Na formatura, recebeu uma medalha de bronze das mãos de um general francês que, por acaso, estava em Alexandria.

Ainda assim, ela passou os primeiros dezoito anos de vida aprendendo a fazer o que não podia ser mais antinatural: fingir que escutava. Não era diferente de ensinar uma pessoa cega a contar seus passos a partir de uma coluna até o poste para não ser flagrada com uma bengala branca. Ela aprendeu a rir de uma piada ainda que precisasse ouvir o jogo de palavras da parte final. Ela balançava a cabeça afirmativamente em intervalos precisos para alguém que estivesse falando com ela em russo, a ponto de o russo se convencer de que ela compreendia tudo o que ele tinha dito.

A diretora grega era idolatrada por seus alunos, mas seu método teve consequências desastrosas para a capacidade de minha mãe para processar e sintetizar ideias complexas. Depois de um certo patamar, as coisas simplesmente paravam de fazer sentido para ela. Ela podia falar de política se você enumerasse as promessas feitas por um candidato presidencial, mas era incapaz de refletir sobre as inconsistências de suas propostas, mesmo quando eram explicadas a ela. Ela não tinha a estrutura conceitual ou a sofisticação simbólica para adquirir e usar um vocabulário abstrato. Ela pode gostar de uma pintura de Monet, mas não consegue discutir a beleza de um poema de Baudelaire.

Quando eu fazia perguntas do tipo "Deus pode criar uma pedra pesada demais para Ele levantar?" ou "Será que o cretense está mentindo quando diz que todos os cretenses são mentirosos?", ela não entendia. *Será que ela pensa por meio de palavras?*, eu me perguntava. Ela não sabia responder. Se não era por meio de palavras, como organizava seus pensamentos? Ela também não sabia responder. Alguém sabia? Quando questionada sobre o momento em que soube que era surda, ou como era a vida sem a audição, ou se ela se importava em não ouvir Bach ou Beethoven, ela dizia que não tinha pensado nisso. Era a mesma coisa que pedir a um cego para descrever as cores. A sagacidade também a confundia, embora ela amasse comédias, piadas e palhaçadas. Ela era uma mímica talentosa e adorava o astro do cinema mudo Harpo Marx, cujas piadas se baseavam não no discurso, mas na linguagem corporal.

Tinha um círculo de amigas surdas, mas ao contrário de uma pessoa surda hoje em dia, que consegue articular com os dedos todas as palavras do dicionário, elas se comunicavam numa língua sem alfabeto, apenas uma linguagem taquigráfica de sinais e expressões faciais cujo vocabulário raramente excedia quinhentas palavras. Elas conversavam sobre corte e costura, receitas e horóscopos. Podiam dizer que amavam você e eram muito atenciosas com crianças e idosos quando eles as tocavam, porque as mãos falam de maneira mais afetiva do que as palavras. Mas afetividade é uma coisa e ideias complexas, outra bem diferente.

Depois de deixar a escola, minha mãe se voluntariou como enfermeira em Alexandria. Fazia exames de sangue, dava injeções e depois trabalhou num hospital, onde cuidava de soldados britânicos feridos durante a Segunda Guerra Mundial. Ela namorou alguns deles e os levava para dar uma volta na bicicleta motorizada que seu pai lhe dera em seu aniversário de 18 anos. Ela gostava de ir a festas e tinha um dom surpreendente para danças de ritmo sincopado, tornando-se uma parceira disputada por todos que queriam dançar o *jitterbug* ou dar uma nadada na praia de manhã cedo.

Quando meu pai a conheceu, ela ainda não tinha 20 anos. Ele ficou atordoado com sua beleza, sua afetividade e sua inusitada mistura de meiguice e atrevimento. Era assim que ela compensava sua surdez, e isso às vezes fazia você esquecer que ela não escutava. Ela encantou seus amigos e sua família, com exceção dos sogros. Seu futuro sogro a chamava de "aleijada", e sua futura sogra de "interesseira", mas meu pai se recusou a ouvi-los e três anos depois eles se casaram. Ela está radiante nas fotos do casamento. Sua professora grega aplaudiu seu triunfo: ela havia se casado com alguém fora do gueto.

Hoje eu entendo que, se ela tivesse tido uma educação melhor, seria outra pessoa. Sua inteligência e sua perseverança combativa diante de tantos obstáculos como judia no Egito, depois na Itália e nos Estados Unidos, teriam feito dela uma profissional de sucesso. Ela poderia ter se tornado médica ou psiquiatra. Mas, numa época menos esclarecida, ela continuou sendo apenas uma dona de casa. Apesar de ter boa situação financeira, ela não era apenas uma mulher, mas uma mulher surda. Eram dois desafios.

Ela falava e entendia francês, aprendeu grego e árabe básico, e, quando desembarcamos na Itália, passou a se virar no italiano só de ir ao mercado todos os dias. Quando não entendia algo, fingia que entendia até conseguir. Quase sempre conseguia. No consulado em Nápoles, semanas antes de imigrarmos para os Estados Unidos, em 1968, ela teve contato pela primeira vez com o inglês norte-americano. Pediram que ela levantasse a mão direita e repetisse o juramento de lealdade. Ela balbuciou alguns sons suaves que o funcionário de boa vontade confundiu com o juramento. A cena foi tão estranha que provocou risadas nervosas em meu irmão e em mim. Minha mãe riu conosco quando saímos do prédio, mas meu pai teve que ser informado do que achávamos tanta graça.

Sua surdez sempre foi como uma parede insuperável entre eles; quanto mais tempo eles permaneceram casados, mais intransponível a parede se tornava. Em retrospecto, a parede sempre esteve lá. Meu pai adorava música clássica, ela nunca foi a um concerto.

Ele lia enormes romances russos e escritores franceses modernos cuja prosa era cadenciada e brilhante. Ela preferia revistas de moda. Ele gostava de ficar em casa e ler depois do trabalho. Ela gostava de dançar e convidar amigos para jantar em casa. Ela cresceu vendo filmes americanos porque no Egito não havia legendas em francês. Ele preferia filmes franceses sem legenda, portanto, ininteligíveis para ela uma vez que a leitura labial dos atores na tela era quase impossível. Os amigos dele conversavam sobre as coisas mais variadas possíveis: a divindade greco-egípcia Serápis, as escavações arqueológicas ao redor de Alexandria, os livros de Curzio Malaparte. Ela adorava fofocas.

Não muito tempo depois de terem se casado, ambos perceberam o quanto eram incompatíveis. Eles se amaram até o fim, mas se desentendiam, se insultavam e discutiam diariamente. Em geral, ele saía quando as amigas surdas vinham visitá-la. Nos anos 1960, ele saiu de casa por alguns anos, voltando poucas semanas antes de deixarmos o Egito. As amigas dela que se casaram fora da comunidade surda também tiveram casamentos tumultuados. Só as que se casaram com surdos pareciam ter encontrado a mesma felicidade que os casais sem problema de audição.

Minha mãe nunca aprendeu inglês de fato. Seus movimentos labiais não eram claros ou suficientemente esclarecedores, a menos que a ideia fosse parodiar o que estava dizendo para obter um efeito cômico. Ela não gostava quando eu exagerava os movimentos labiais em público porque isso deixava claro para os outros que ela era surda. Muita gente tinha pena dela e alguns se esforçavam para quebrar a barreira. Algumas pessoas bem-intencionadas tentavam se comunicar com ela imitando a linguagem dos surdos, simulando uma voz rouca e fazendo caretas. Outros falavam alto, como se elevar o nível de decibéis deixasse claro seu ponto de vista. Ela percebia que estavam gritando. Havia também aqueles que por mais que tentassem nunca conseguiam entender o que minha mãe estava dizendo, e os que nem faziam o mínimo esforço para entender. Eles se recusavam a olhar diretamente para ela ou mesmo reconhecer sua presença na mesa de jantar.

Ou as pessoas simplesmente riam.

Quando amigos no parquinho perguntavam por que minha mãe tinha uma voz tão estranha, eu respondia: "Porque é assim que ela fala". A voz dela não me parecia estranha até que alguém me disse que era. Era a voz da mamãe, a voz que me acordava de manhã, que me chamava para ir à praia, que me acalentava e que me contava histórias na hora de dormir.

Muitas vezes, tentei me convencer de que ela não era realmente surda. Ela era travessa e brincalhona, então qual era a melhor maneira de manter todo mundo animado senão fingir que era surda? Afinal, toda criança em algum momento se finge de cega ou de morta. Por alguma razão, ela se esqueceu de parar de pregar peças. Para testá-la, eu me aproximava por trás quando ela não estava olhando e gritava bem perto de seu ouvido. Nada. Nenhuma reação. Nem um estremecimento. Que controle incrível minha mãe tinha. Às vezes, eu dizia que alguém estava tocando a campainha. Ela abria a porta e só então percebia que eu tinha passado um trote, mas não achava graça porque não era engraçado que o amor da vida dela – eu – tivesse pregado uma peça para lembrá-la, como todo mundo, de sua surdez. Um dia, ela estava se arrumando para sair com meu pai e, quando estava colocando os brincos, eu disse que ela era linda. "Sim, sou linda. Mas isso não muda nada. Continuo surda." Ou seja, não se esqueça disso.

Para uma criança, era difícil conciliar seu sorriso fácil, seu gosto pela comédia e pelo companheirismo com a eterna amargura como esposa e pessoa surda. Ela sempre chorava com as amigas. Todas choravam. Mas quem convive com uma pessoa surda para de sentir compaixão. Em vez disso, é comum passar da compaixão para a crueldade, como uma pedra saltando em águas rasas, sem a compreensão do que significa viver sem ouvir os sons. Eu raramente consegui ficar quieto e me obrigar a sentir o isolamento dela. Era muito mais fácil perder a paciência quando ela não escutava, e ela nunca escutava, porque parte da compreensão do que se diz envolve uma mistura de adivinhação e intuição, na qual as nuances dos fatos significam mais do que os próprios fatos.

Nada era mais difícil do que telefonar para os outros no lugar da minha mãe. Ela sempre pedia que eu ou meu irmão a ajudássemos discando o número e falando por ela, enquanto ela ficava lá parada, observando cada palavra. Ela era grata e se orgulhava de, mesmo pequenos, sermos capazes de chamar o encanador, ligar para suas amigas ou para a costureira. Ela dizia que eu era os ouvidos dela. "Ele é o ouvido dela", proclamava sua sogra. Era realmente grata. Graças a Deus, havia alguém para fazer as tarefas desagradáveis para ela. Senão, como aquela pobre mulher sobreviveria?

Havia duas maneiras de escapar de fazer os telefonemas. Uma era se esconder. A outra era mentir. Eu discava para o número, esperava um pouco e então dizia que a linha estava ocupada. Cinco minutos depois, a linha continuava ocupada. Nunca me passou pela cabeça que a ligação poderia ser urgente ou, quando o marido não aparecia para jantar, que ela ficava desesperada para falar com uma amiga ou parente, ou qualquer pessoa que a tirasse de sua solidão. Às vezes, ligavam alguns homens, mas com meu irmão e eu de intermediários, as conversas eram estranhas. Esses homens não voltavam a ligar.

Quando comecei meu curso de pós-graduação, coube a meu irmão o trabalho de intermediário. Eu falava com ele, ele retransmitia a mensagem para minha mãe e no fundo eu ouvia a voz dela dizendo o que ele devia dizer; então ele retransmitia a mensagem para mim. Às vezes, eu pedia para ele colocá-la no telefone e deixar que ela me dissesse o que quisesse, porque sentia saudade da voz dela e queria ouvi-la dizer as coisas que sempre me dizia, arrastando um pouco as palavras, com erros gramaticais, palavras que não eram necessariamente palavras, apenas sons que me levavam de volta à infância, época em que eu ainda não conhecia as palavras.

Na infância, eu fantasiava que um dia alguém inventaria um aparelho que permitiria minha mãe conversar ao telefone com outra pessoa surda. O milagre ocorreu há cerca de trinta anos, quando comprei uma máquina de escrever para ela. Pela primeira vez na vida, ela pôde se comunicar com as amigas surdas sem envolver a mim ou meu irmão. Ela podia datilografar mensagens longas num inglês errado e marcar um encontro para vê-las. Sete anos depois, instalei um dispositivo em sua televisão que permitia que ela se comunicasse com as amigas por todo o país. A maioria estava muito idosa para viajar, então isso foi uma dádiva de Deus.

Aberta a qualquer nova experiência, cada avanço tecnológico a deixava apaixonada. (Meu pai, sempre relutante em adotar qualquer coisa nova, se manteve fiel a seu rádio de ondas curtas.) Muitos anos atrás, quando minha mãe estava com 80 e tantos anos, comprei um iPad para que ela pudesse usar o Skype e o FaceTime com os amigos que moravam no exterior, pessoas que ela não via fazia muito tempo. Foi muito melhor do que imaginei que seria. Ela me ligava em casa, no escritório, na academia de ginástica, até mesmo na Starbucks. Eu falava com ela pelo FaceTime e não me preocupava onde ela estava ou como ela estava. Depois da morte do papai, ela insistiu em viver sozinha e meu maior medo era que caísse e se machucasse. O FaceTime também significava ser poupado de visitá-la com frequência, como ela logo percebeu: "Isso significa que você não virá esta noite porque estamos conversando pelo iPad?".

Apesar de suas deficiências, minha mãe estava entre as pessoas mais inteligentes que conheci. A linguagem era como uma prótese, um membro artificial com o qual ela aprendeu a viver, mas que permaneceu secundário porque ela podia passar sem ele, já que dominava outras maneiras mais imediatas de comunicação. Ela era muito perspicaz e tinha um dom para "sentir" pessoas e situações – como no verbo latino *fragrare*, pressentir. Seu radar estava sempre ligado: em quem confiar, no que acreditar e como "ler" uma inflexão. Ela compensou o que perdeu com a surdez desenvolvendo sentidos afiados. Ela me ensinou a reconhecer as especiarias numa mercearia colocando um punhado na palma da mão e deixando que eu cheirasse cada uma. Também me ensinou a reconhecer seus perfumes, o cheiro de lã úmida, de gás vazando. Quando escrevo sobre cheiros, me inspiro em minha mãe, não em Proust.

As pessoas ficavam fascinadas com ela. Você pode atribuir isso à alegria expansiva que ela irradiava sempre que saía, mas minha mãe era uma alma profundamente infeliz. Acho que era sua capacidade incondicional de criar uma proximidade apenas com a força de um olhar – isso valia para ricos, pobres, bons, maus, açougueiros, carteiros, aristocratas ou funcionários senegaleses do supermercado no Upper West Side que a ajudavam sem saber que o francês também era sua língua materna. Se ela estivesse em Kandahar ou Islamabad, não teria problemas em descobrir o corte de carne que procurava ou em regatear o preço até conseguir o que queria, e sempre fazia amizade com os outros clientes do mercado.

Ela também fazia você querer ficar íntimo. Melhor ainda, fazia você procurar em si mesmo esse sentimento, caso o tivesse perdido ou não soubesse que o tinha para oferecer. Essa era a linguagem dela e, da mesma forma que os prisioneiros em celas separadas usam batidas nas paredes para conversar numa língua com gramática e alfabeto próprios, ela ensinava as pessoas a falar essa língua. Depois de uma hora em contato com ela, meus amigos muitas vezes esqueciam que ela era surda e entendiam tudo o que ela dizia, mesmo que não compreendessem uma palavra de francês, muito menos do francês falado por uma pessoa surda. Quando me oferecia para explicar o que ela estava dizendo, ouvia um "Já entendi" por parte de meus amigos. Dela, escutava um "Entendo perfeitamente", que significava: "Deixe-nos em paz e pare de se intrometer, estamos nos dando bem". Na verdade, era eu que não estava entendendo nada.

Um dia, há alguns anos, saí para correr num dia frio e dei uma passada no apartamento dela para me aquecer um pouco, recuperar o fôlego e ver como ela estava. Encontrei-a assistindo à TV. Sentei-me ao seu lado e expliquei que não poderia vir jantar aquela noite porque ia sair com amigos, mas que no dia seguinte viria para o nosso ritual de jantar com uísque. Ela gostava de fazer isso. O que eu queria que ela preparasse para o jantar? Sugeri a massa (ziti) ao forno com queijo gratinado ligeiramente crocante. Ela gostou da sugestão. Depois percebi que havia me esquecido de tirar minha máscara de esqui e toda a conversa aconteceu com meus lábios cobertos. Ela entendeu o que eu estava dizendo pelo movimento das minhas sobrancelhas.

No Novo Mundo em que minha mãe terminou seus dias, há respeito e direitos iguais. Prosperamos com dignidade e segurança. Ela gostava mais do que do Velho Mundo, mas não se sentia em casa. Agora, quando penso no que Shakespeare chamaria de linguagem "não adequada", percebo o quanto sinto falta da qualidade imediata e tátil de outra época, quando a expressão facial era o seu vínculo, não suas palavras. Devo essa linguagem não aos livros que li ou estudei, mas à minha mãe, que não tinha fé nem talento ou muita paciência com as palavras.

Irmão, você pode me dar um trocado?

Por Sari Botton

– Você quer esta blusa?

Minha mãe segura uma blusa com estampa de oncinha ainda com a etiqueta de preço pendurada. É uma peça que eu não usaria nem morta e ela provavelmente sabe disso, mas ainda assim está ansiosa para que eu aceite.

– Acabei de comprar, mas talvez fique melhor em você – ela diz.

– Não, obrigada, mãe – respondo, tentando esconder meu aborrecimento e incômodo, me sentindo como se tivesse 13 anos e não 23, e já tendo concluído a faculdade há um ano.

– Tenho outra que talvez você goste – diz ela, já se virando para o guarda-roupa.

Ela volta com uma camiseta de algodão azul, manga longa e gola careca, da marca Michael Stars, uma que peguei emprestado pelo menos uma vez e que agora trazia a marca do pó prescrito por sua dermatologista.

– Esta tem mais a sua cara.

De fato.

– Mas a camiseta é *sua* – eu protesto.

– Posso conseguir outra – ela insiste. – Vou de novo à Bloomingdale's. Ou você quer ir comigo? Posso comprar uma nova lá. Quero te dar alguma coisa.

Receio magoá-la se disser que uma parte de mim reluta em confiar em seus presentes. Não quero ter que dar nada em troca. Além do mais, isso parece ir contra tudo aquilo que ela me preparou para acreditar e ser. No fundo, tenho medo de que, se eu me abrir com ela, a generosidade acabe.

Cinco anos antes, no verão depois do meu primeiro ano na faculdade, eu me tornei uma ladra.

Algumas vezes por semana, eu entrava furtivamente no quarto do chato do meu meio-irmão Jared, um ano mais velho que eu, enfiava a mão em seu enorme pote cheio de moedas encardidas e tirava uns 75 centavos, talvez 1 dólar.

Eu não pensava naquilo como roubo. Isso afetaria a minha imagem incontestável e há tempos estabelecida de Boa Filha dentro da família. Disse a mim mesma que estava pegando dinheiro emprestado de meu meio-irmão, embora não tivesse pedido nem fizesse esforço algum para devolver o dinheiro.

Às vezes, em vez de um empréstimo, considerava a retirada como reparações de guerra. No campo de batalha em tese civilizado, mas silenciosamente cruel, do divórcio dos meus pais, fui a grande perdedora. Fiquei com o ônus de ter pais que, em seus novos casamentos, eram os parceiros com menos dinheiro, menos poder e menos coragem para defender os próprios filhos.

Quando eu estava com 12 anos, meu pai se casou com uma viúva, cujo falecido marido deixou de herança para ela e as duas filhas alguns polpudos fundos de investimentos. Todo ano a avó das meninas, uma espécie de brâmane semita de Boston, me dava orgulhosamente um cartão de Chanucá com uma nota de 1 dólar estalando de nova dentro.

Eu tinha 15 anos quando minha mãe conheceu um viúvo que lhe disse desde o início que preferia não se casar com uma mulher que tivesse filhos. De alguma forma, minha mãe conseguiu passar a imagem de uma mulher sem filhos. Quando ela comprava coisas para mim e para a minha irmã, ela nos reunia e sussurrava "Olhem debaixo da cama, deixei algo lá para vocês", para que meu padrasto não soubesse.

Assim, aos 18 anos, já na faculdade e com pena de mim mesma, como prêmio de consolação decidi me presentear com uma pequena ajuda financeira da generosa coleção de moedinhas de meu meio-irmão. Qual era a probabilidade de ele notar a falta de algumas moedas perdidas aqui e ali?

Eu estava surrupiando as moedas para pagar o ônibus que saía da Estação Penn, em Nova York, e que eu pegava todos os dias para ir trabalhar no Clube do Livro do Mês, o emprego de verão que me ajudaria no pagamento do próximo semestre na faculdade, no outono de 1984. Eu chegava à cidade de Oceanside, Long Island, às 6h47 da manhã e voltava às 17h43 com o marido da minha mãe, Bernard, um ser humano desagradável, um *farbissener*, como dizia minha avó. Toda manhã eu tinha que aturar seu mau hálito, provocado por uma úlcera, e seus olhos penetrantes, amplificados por trás das lentes grossas dos óculos Porsche modelo aviador, numa hora em que eu tinha dificuldade em focar em qualquer coisa e zero vontade de sorrir – uma reclamação feita por ele à minha mãe. Era óbvio que Bernard não gostava de dividir a viagem de ônibus comigo. Havia uma tensão em seu silêncio. Eu não só não queria falar com ele, tinha medo. Ele era muito irritadiço. Eu temia dizer alguma coisa que o fizesse explodir, então nessas viagens de ônibus costumava fingir que dormia.

Esta é a expressão que usamos para nos referir a Bernard: "Ele é genioso". Foi o que dissemos quando ele jogou uma tigela de vidro cheia de espaguete na cabeça do próprio filho, provocando um traumatismo craniano, e também quando atirou uma taça de vinho na minha mãe, que se espatifou no chão depois de atingir o rosto dela. Foi o que dissemos quando ele arrastou minha irmã de 13 anos escada abaixo pelos cabelos, apertou a garganta dela com as mãos e a sacudiu violentamente, deixando marcas em seu pescoço. Foi o que dissemos quando buscamos refúgio na casa da amiga da minha mãe e quando minha mãe voltou, pedindo perdão por ter ido embora. Foi o que dissemos quando recebemos a visita de uma assistente social do Serviço de Proteção à Criança por conta de uma denúncia anônima, provavelmente feita pela amiga da minha mãe.

Ele é genioso.

Foi o que dissemos quando ele atirou em mim meu cofrinho de cerâmica em formato de porquinho na noite em que estava sentada na minha cama fazendo o dever de casa. Ele entrou furioso no meu quarto, balançando um bloco com números riscados a lápis, dizendo que eu não queria ligar para o meu pai para pedir um aumento na pensão alimentícia. Desviei bem na hora. O cofrinho bateu na parede e se espatifou.

Passei o verão inteiro furtando as moedinhas sem ser descoberta. Conforme fui ficando à vontade, tornei-me mais ousada e cada vez menos preocupada com qualquer injustiça associada aos roubos. Fiquei tão acostumada que virou rotina.

No final de agosto, no entanto, tive uma surpresa. Não é que meu meio-irmão mantinha uma contabilidade rígida das moedinhas que guardava naquele pote? Num sábado à noite, uma semana antes de voltarmos para as nossas respectivas faculdades para cursar o segundo ano, ele desceu para o jantar lívido, praticamente espumando pela boca, e apontou o dedo para... minha irmã.

– *Ela* pegou! – ele gritou. – Sei que foi ela.

– Não, não peguei nada – ela reagiu.

– Bem, então quem foi, hein?

Fiquei lá sentada, atordoada, sem dizer nada. Minha irmã e meu meio-irmão continuaram a gritar um com o outro noite adentro. Minha irmã chorava e implorava que minha mãe acreditasse nela.

Antes mesmo de pensar em confessar, imaginei se era plausível sugerir que outra pessoa pudesse ter tirado o dinheiro. Será que havia algum fantasma que eu pudesse incriminar para acabar com a história? Alguma visita? Mas então ouvi o meu meio-irmão insistir que tinha de ser minha irmã ou outra pessoa da casa, porque ele vinha acompanhando a constante diminuição ao longo dos últimos dois meses.

Acho que nunca me senti pior do que ao longo das doze horas em que deixei minha irmã levar a culpa. Precisava confessar, mas não sabia como. Confessar crimes não estava no meu vocabulário. Sempre que minha irmã se comportava mal, bastavam alguns pontapés e gritos e ela logo admitia que estava errada e aguentava o tranco. A ideia de fazer isso me parecia estranha e assustadora. Eu encarnava tão bem o papel de anjo. Odiava ter que conspurcar minha imagem perfeita. *Quem sou eu sem a minha auréola*?

Fiquei a noite inteira sentada escrevendo e reescrevendo bilhetes de confissão no papel colorido personalizado que havia recebido de presente em meu Bat Mitsvá. Às 5 da manhã, coloquei os bilhetes em envelopes no lugar em que cada um se sentava na mesa de fórmica para tomar o café da manhã. Incluí um cheque no envelope endereçado a meu meio-irmão.

Mais tarde, me escondi no meu quarto, estremecendo ao ouvir as conversas lá embaixo depois que ficou claro que os envelopes tinham sido abertos. Ouvi minha irmã dizer:

– Viu?!

Depois, ouvi meu meio-irmão dizer:

– Você provavelmente roubou algumas também.

Eu a ouvi gargalhar na cara dele.

Depois de um tempo, minha mãe subiu até o meu quarto.

– *Você*? – ela perguntou.

Ela mal sabia o que dizer.

O que motivou a mais recente transformação de minha mãe foi seu casamento, o terceiro. Stanley era a antítese de Bernard. Acolhedor, gentil, alegre, um mágico amador careca que se autodenominava o "Grande Baldini". Stanley era atencioso e sempre generoso.

Embora Stanley não fosse *tão* endinheirado, tinha uma situação financeira bem melhor do que os dois primeiros maridos da minha mãe (incluindo meu pai), o que significava que tinha mais para compartilhar. A questão é que convivi quase toda a minha vida com pessoas abastadas – parentes, amigos da família, meias-irmãs com fundos de investimento em seus nomes – e a maioria guardava tudo para si mesma. Stanley era diferente: uma verdadeira joia, uma pessoa honrada. Desde a primeira semana em que nos conheceu, ele tratou minha irmã e a mim como se fôssemos suas filhas, nos levando a bons restaurantes, nos enchendo de presentes de aniversário e de Chanucá, e depois me ajudando quando fiquei sem grana.

Minha mãe se tornou uma pessoa diferente neste novo casamento. Não era mais aquela mulher que conheci na década de 1970 como mãe solteira vivendo com dificuldade, mal conseguindo pagar as contas do mês com o salário de professora do ensino fundamental – uma socialista "festiva", como as amigas brincavam, a chefe da seção local do sindicato de professores do estado de Nova York que dirigia um Dodge Dart surrado. Essa mulher estava quase irreconhecível.

Agora ela ia à manicure e à pedicure toda semana e tinha uma faxineira semanal para ajudá-la em casa, em vez de apenas de vez em quando. Um vestuário completamente diferente surgiu em seu guarda-roupa – com brilho para ir aos jantares dançantes e festas aos quais comparecia de braços dados com Stanley. Ela recebia joias de presente nas datas especiais e viajava de férias para os trópicos.

Como parte da transição, minha mãe de repente se tornou muito mais generosa com as filhas. No casamento com Bernard, dar qualquer coisa para nós era complicado porque ela tinha medo de irritá-lo. Foi uma decisão estratégica, uma maneira de gerenciar a pessoa mais irritada do ambiente.

Assim que Bernard saiu de cena e Stanley apareceu, minha mãe renasceu. Agora, quando eu vinha visitá-la, havia o Ritual de Ofertas de Coisas. Se eu ficasse o final de semana inteiro, saía carregada de roupas, sapatos, *tchotchkes* (badulaques), guloseimas e amostras de produtos da Clinique que teriam vindo com o batom que ela acabara de comprar na Bloomingdale's.

Ela se oferecia para me levar ao shopping e eu recuava. Mas, aos 13 anos, na sequência do divórcio dos meus pais, adoraria ter feito isso. Eu pedia que ela nos levasse à Bloomingdale's da mesma forma que as outras crianças imploravam aos pais que as levassem à Disney. Ir a uma loja de departamentos (ou, mais precisamente, *passear olhando as vitrines*) me ajudava a não me sentir como se eu fosse um subproduto empobrecido do divórcio, o que de fato era. Depois que meus pais se separaram, passei a me preocupar muito com minha aparência e me tornei dolorosamente consciente da minha situação social. Estava determinada a não parecer ou me sentir como um moleque desgrenhado, como ficavam alguns filhos de casais divorciados que eu conhecia – sempre com sapatos surrados, roupas apertadas e cabelos sujos e despenteados. De alguma forma, só o fato de estar dentro da Bloomingdale's tinha o poder de reprimir temporariamente minha ansiedade sobre isso.

Bastava começar a flanar por aqueles corredores e logo surgia algo parecido com desejo por trás da atitude anticonsumista da minha mãe. Nós tínhamos um ritual: primeiro, dividíamos duas sopas e uma salada no restaurante da loja que se chamava Ondine. Depois, já saciadas, íamos para o balcão da Clinique. O departamento infantojuvenil ficava ao lado e, por fim, o departamento feminino, onde aconselhávamos nossa mãe sobre as roupas que ela não iria comprar, mas que ficariam ótimas nela.

Nunca comprávamos roupas, apenas experimentávamos. Mas, no final de cada passeio, passávamos pelo departamento de comida gourmet no subsolo, onde mamãe comprava uma latinha pequena de geleia de frutas vermelhas Tiptree, cheia de moranguinhos perfeitos aparecendo contra o vidro, e nos presenteávamos com uma minibarra de chocolate Godiva.

Com meus 23 anos, a generosidade e o consumo extravagante da minha mãe me incomodavam muito. Quem era essa senhora esnobe e o que ela havia feito com minha mãe, a proletária? O que tinha sido feito da mulher que, no verão de 1976, havia se separado de meu pai mesmo tendo que enfrentar um desafio financeiro ainda maior do que aquele a que estava acostumada?

Os passeios na Bloomingdale's e praticamente qualquer outra coisa agradável acabaram quando Bernard e seus dois filhos entraram em nossa vida no início de 1981, quando eu tinha 15 anos. Os seis anos seguintes foram sombrios e melancólicos, envoltos em explosões aleatórias de raiva (a nossa era sempre reprimida) por parte de Bernard e momentos de violência que não serão esquecidos.

Depois de um dos ataques de Bernard, quando ele jogou o som três em um da minha irmã em cima dela e depois a arrastou escada abaixo pelo cabelo, minha mãe pediu o divórcio. Foi um alívio quando ele se mudou. Eu não tinha noção do tamanho do alívio que teríamos pela frente, quando, alguns meses depois, minha mãe começou a sair com Stanley.

Pouco tempo depois do casamento de minha mãe e Stanley, parei de resistir e passei a aceitar tudo o que ela me oferecia, embora sempre com alguma reserva. Na maioria das vezes, eu protestava um pouco e depois consentia e aceitava seus mimos, para o benefício dela e para o meu também. Admito que a necessidade que ela tem agora de me presentear é a mesma necessidade que um dia eu tive de receber.

Ela não está simplesmente me dando coisas. Está sendo generosa, algo que não pôde fazer por muito tempo e do qual se lamentava. Ao aceitar sua generosidade, dou a ela a satisfação de *ter oferecido*.

Em maio de 2018, aos 89 anos, Stanley ficou gravemente doente. Em poucas semanas, um mês antes do trigésimo aniversário deles juntos, ele se foi. O mundo da minha mãe e sua estabilidade financeira começaram a ruir.

Na semana seguinte ao funeral, fui ajudá-la a desmontar o apartamento de inverno em Boca Raton. A base hipoalergênica da Clinique que ela usa acabou, então ela me perguntou se eu topava ir com ela à Bloomingdale's para comprar uma nova.

É estranho estar em uma filial da Bloomingdale's depois de tantos anos. Muita coisa parece igual, a luz suave, a decoração sofisticada, o merchandising atraente. Parte de mim fica numa espécie de excitação pela sensação de abundância no ar. Dá para ver que minha mãe também está com a mesma sensação. Até o andar dela está mais animado, coisa que não vi acontecer desde que Stanley adoeceu.

– Você precisa de alguma coisa? – minha mãe pergunta.

– Não. Estou bem – garanti.

Ela para e experimenta alguns sapatos no caminho para o balcão da Clinique. Ao calçar um par de sapatilhas, ela confessa que, quando Stanley estava na UTI, ela foi lá fazer compras para diminuir a ansiedade e comprou duas blusas. E deixa escapar que está devendo mais de 600 dólares no crédito rotativo do cartão da Bloomingdale's.

– Prometa que quando o testamento estiver resolvido, você vai quitar isso – eu disse.

Ela prometeu.

Atualmente, como era de se esperar, a situação está começando a se inverter. Estou com 53 anos, ela com 78, e é a minha vez de cuidar dela. Por sorte, ela tem uma aposentadoria, uma pensão e outra renda que são suficientes para pagar suas despesas por enquanto. Pego os cheques na hora do jantar para fazer os pagamentos, trago e envio pequenos presentes para ela – ingressos para um show local, um concentrado orgânico de cranberry para misturar com água com gás, bolsinhas que ela coleciona para guardar maquiagem e bijuterias, livros de colorir para adultos com aforismos positivos para ajudá-la a superar o luto e macarons de chocolate. É uma sensação boa ser capaz de retribuir da melhor forma que posso.

Não tenho a menor ideia de quem minha mãe vai se tornar nesta nova fase da sua vida e me preocupa que ela fique vulnerável ao charme de outro homem mesquinho como Bernard. Espero que, independentemente de quem seja o próximo, minha mãe redescubra sua independência e os princípios do não materialismo que ela me ensinou dando o exemplo quando eu era adolescente. Pode ter sido um disfarce para sua própria revolta e para seus problemas de autoestima, mas eles fazem muito sentido para mim agora.

Seu corpo/Meu corpo

Por Nayomi Munaweera

Estou sentada no vaso sanitário esperando minha mãe. Tenho que esperar por ela porque sou incapaz de me limpar de maneira adequada. Como sempre, ela me deixa esperando. Quando chega, faz cara de nojo enquanto me limpa. A mensagem é que ela não quer fazer isso, mas *tem que fazer* porque sou muito estúpida para fazer direito. Houve fortes discussões sobre essa questão. Meu pai e minha avó brigam para que ela me deixe fazer isso sozinha, alegando que isso não é normal. No entanto, ela os desafia, afinal, é minha mãe e meu corpo lhe pertence.

Não a desafio. Acredito nela e sei que não sou capaz de fazer nada direito. Só que desta vez é diferente – há sangue. Fiquei menstruada pela primeira vez. Só então minha mãe deixa que eu comece a me limpar. Só então ela me deixa tomar banho sem a sua supervisão. Tenho 12 anos.

O problema era que ela não via diferença entre o seu corpo e o meu corpo. Eu pertencia a ela. Eu era sua melhor e mais amada filha e ao mesmo tempo uma merdinha inútil. Por vezes, ela assava bolos para mim, costurava vestidos para mim. Outras vezes, gritava que eu era uma imprestável. Eu oscilava entre essas duas visões de mim mesma, sempre insegura sobre qual delas adotar, sempre procurando evidências sobre o que eu era.

Era mais simples quando eu era criança. Ela controlava todos os aspectos da minha vida e isso aplacava sua necessidade de subserviência.

Só mais tarde, quando ficou claro que eu desenvolveria uma personalidade separada da dela, que eu não *seria* ela, que tinha herdado características de meu pai, a quem ela odiava, mas de quem não se separava, que as coisas ficaram difíceis. Lembro-me de ouvir outros adultos comentarem sobre seus ataques de raiva, mas eles tinham medo de se envolver em nossa dinâmica familiar interna e, portanto, ninguém interferia.

Meus pais costumam dizer que, quando eu era criança, eles podiam me deixar sozinha durante horas. Eu ficava quieta e parada, nem sequer me mexia. Eles pareciam entender esse comportamento como sinal de que eu era uma criança boa, obediente. Não achavam um comportamento incomum, que revelava implicações psicológicas mais profundas.

Décadas depois, já com mais de 30 anos e morando em São Francisco, encontrei um terapeuta que desbloqueou a minha vida e, finalmente, revelei a idade em que minha mãe parou de me tratar como criança. Eu nunca tinha contado isso a ninguém. Imaginei que se contasse esse segredo vergonhoso, as pessoas perceberiam que eu era uma pessoa impura e, portanto, intrinsecamente não merecia ser amada. Gaguejei, chorei e, enfim, consegui articular as palavras. Ele respondeu com as seguintes frases mágicas: "Não é sua culpa. Você não fez nada de errado. Você era apenas uma criança".

Saí do consultório e perambulei até entrar numa livraria, de onde liguei para minha mãe, no segundo andar com vista para a Union Square. Lá, perguntei por que ela havia me negado o domínio sobre o meu próprio corpo. Ela disse que não se lembrava, que era jovem. Basicamente, ela achava que estava tentando fazer o melhor por mim, que estava tentando ser uma boa mãe. Ela lamentava, mas não havia mais nada a dizer. Nunca mais tocamos nesse assunto.

O casamento

Meus pais se casaram em 1972, no Sri Lanka. Minha mãe tinha 19 anos e era a caçula de uma viúva. Seu pai teve um derrame fatal quando ela era bem pequena e logo depois seu irmão mais velho, seu favorito, morreu num violento acidente de carro. Ela nunca se esqueceria do dia em que se despediu do irmão pela manhã, ao sair para a escola, e encontrou seu corpo inerte sendo velado em casa à noite. De certa forma, seu coração já estava partido. Ela sabia que não devia esperar segurança neste mundo.

Meu pai tinha 29 anos. Estava recém-formado em engenharia na prestigiosa Universidade de Peradeniya, um dos quarenta e oito engenheiros formados na ilha aquele ano. Ele era muito inteligente, mas bem tímido. Tinha sido criado por uma mãe altamente dominadora que o incentivou ao sucesso. De certa forma, seu coração já estava partido. Ele sabia que não devia esperar muita diversão neste mundo.

Suas formidáveis mães foram criadas na mesma aldeia. Faziam parte do "nosso povo", então quando a proposta de casamento foi feita, as duas famílias concordaram. O rapaz e a garota se conheciam um pouco. Devem ter ido a algumas sessões de cinema sozinhos antes de se casarem. Qualquer coisa além disso seria impensável.

Quando olho a foto do casamento deles, com ela resplandecente num sári prateado e ele tão bonito, de terno preto, ambos sorridentes, fico perplexa, dividida entre a admiração e a melancolia.

Sonhos de imigrante

Nasci exatamente um ano depois. Minha mãe sempre quis mais para nós do que o Sri Lanka na época podia oferecer, então, em 1976, quando eu tinha 3 anos, ela convenceu meu pai a imigrar para a Nigéria. Quando os militares deram um golpe, em 1984, foi minha mãe que antecipou nossa mudança para os Estados Unidos. Eu tinha 12 anos e minha irmã, Namal, apenas 3 anos.

Fizemos parte da primeira leva de cingaleses americanos, uma pequena comunidade de ilhéus nos subúrbios de Los Angeles. Se você nos conhecesse na época, teria visto a família de imigrantes perfeita. Pessoas que subiram na vida sem contar com a ajuda de ninguém.

Pense no meu pai: na Nigéria, ele era um profissional respeitado. Nos Estados Unidos, seu primeiro emprego consistia em entrar nas tubulações de esgoto para fazer o controle de cheias, equilibrado de barriga para baixo numa pequena tábua com rodas. Ele foi recebendo promoções na prefeitura de Los Angeles até se tornar um engenheiro de destaque, uma trajetória de vida quase inacreditável para um garoto nascido numa pequena aldeia no Sri Lanka.

Agora pense na minha mãe: uma garota que não fez faculdade. Na Nigéria, ela era diretora de sua própria escola. Na Califórnia, recomeçou como professora da pré-escola. Ela abria a escola às 6 da manhã e a fechava às 6 da tarde, e só então ia para casa cozinhar e limpar. Ao longo de duas décadas, ela economizou o suficiente para comprar uma pré-escola e depois outra. Ela se reinventou como empresária e empreendedora.

Nos Estados Unidos, sabíamos que era preciso ser bom, muito bom. Os norte-americanos quase sempre nos olhavam com desconfiança. Às vezes, eles diziam que falávamos bem o inglês e isso era, supostamente, um elogio. Eles não sabiam que o inglês era uma de nossas línguas maternas por conta de uma história cruel, então sorríamos e agradecíamos. Outras vezes, eles se irritavam e gritavam, dizendo para voltarmos para casa, mas nós sabíamos que somente a perfeição os convenceria de que também éramos humanos.

Éramos persistentes, parcimoniosos e trabalhadores. Estávamos sempre bem-arrumados. Minha mãe vestindo um sári, meu pai de terno e gravata combinando com a cor do sári dela, e as duas filhas bonitas. Brilhávamos e encantávamos nas festas de imigrantes que eram o máximo de nossa vida social naquele lugar estranho, o Sri Lanka em Los Angeles, uma Colombo em plena Hollywood. Era importante se destacar nessa pequena comunidade de duzentas famílias. Não fazer isso significava correr o risco de cair no ostracismo, e quem consegue sobreviver na selva que são os Estados Unidos sem a aprovação de seus cidadãos?

Dentro de casa

Minha mãe era a rainha e nós, seus leais súditos. Qualquer afirmação de individualidade era sinal de abandono, de que não a amávamos. Quando ela não se sentia amada por nós, a rainha saía de cena e a bruxa assumia.

Quando sentíamos que seu humor estava mudando, ficando mais sombrio, cochichávamos uma para a outra: “A tempestade está chegando”. Esse era o código para descrever algo inominável e insidioso. Minha mãe gritava, quebrava a louça até não sobrar um único prato inteiro na casa, dizia coisas cruéis que se infiltraram em meu cérebro e levaram décadas para se dissipar. Ela quebrou tantas molduras dos porta-retratos com as fotos de seu casamento que paramos de mandar fazer novas molduras. Ela se trancava no banheiro e chorava sem parar. Às vezes, ficava quieta durante dias. Passava do choro incontrolável à gargalhada em minutos. Se ainda estivéssemos assustados com as consequências de seu furacão, ela perguntava o que estava errado. Se não fizéssemos o jogo do contente, sua raiva voltava a reinar. Com isso, aprendemos a ignorar os nossos sentimentos até não sentirmos mais nada.

Tenho 14 anos e minha mãe está enfurecida há horas. Meu pai, minha irmã e eu estamos assistindo a um de nossos programas favoritos na TV – *Ilha dos Birutas* ou *Os Três Patetas*, como forma de nos distanciarmos daquilo. Uma calmaria suspeita chama minha atenção, então vou dar uma checada. Ela está no banheiro, e vejo um corte profundo em seu pulso. Tem sangue na pia, na parede. Ela está atordoada, incoerente, balbuciando coisas sem sentido. Lavo o sangue de seus pulsos, fecho a ferida com ataduras apertadas que guardamos no armário do banheiro. Pergunto a ela a razão, mas ela não responde. Levo-a para a cama. Nunca converso com meu pai sobre isso e minha irmã é muito nova, já viu mais do que devia.

Cerca de um ano depois, quando minha mãe descobre que meu pai enviou novamente dinheiro escondido para a irmã e a mãe no Sri Lanka, ela grita com ele durante horas. Eu e minha irmã ficamos no quarto tentando fingir que nada está acontecendo. Quando a escutamos chorando, corremos para ver o que é e encontramos o chão cheio de riscos cor-de-rosa. Ela havia batido a lata de açúcar enferrujada na própria cabeça. Há um corte grande em sua testa e o sangue jorra aos borbotões. Papai a leva para o hospital, onde conta que ela bateu a cabeça no armário. Mando minha irmã, que está aos prantos, ficar em seu quarto, limpo o sangue, o açúcar brilhante e as espirais rosadas que se formaram no chão em decorrência da mistura dos dois. Quando penso que aquele é o sangue da minha mãe, fico zonza. Quando eles voltam para casa, a cozinha já está limpa.

Quando a coisa fica feia, saio de casa com minha irmã. Não importa se for tarde da noite, ficamos andando pelas ruas vazias da periferia. Muitas vezes, saímos tão depressa que nos esquecemos de calçar os sapatos, então ficamos sentindo o concreto frio sob nossos pés. No parque, nós nos sentamos no balanço e apreciamos a lua, inebriadas pela liberdade de estar ao ar livre quando as outras crianças estão na cama. Colhemos rosas, hortênsias e lírios de jardins alheios. Horas depois, me aproximo da porta de casa e encosto a orelha nela. Se ainda ouvir gritos, continuamos perambulando e só voltamos quando eles estão dormindo. Enchemos todos os vasos da casa com as flores roubadas. O aroma preenche a casa e perfuma os nossos sonhos. Na manhã seguinte, meu pai nos dá um sermão por termos roubado as flores do jardim das outras pessoas. Ele sempre se preocupa com o que os outros vão pensar, em como nos veem, o que roubamos deles. Não parecia se importar com o que era tirado de nós.

Um casamento mal-arranjado

Olhando de fora, nossa família parecia perfeita. Tínhamos fases tranquilas, felizes, e às vezes passávamos por momentos de terror. O problema era que nunca se sabia qual mãe daria as caras, quais pais teríamos, se eram os pais previsíveis que nos fazem estudar e que sabíamos que nos amavam, ou aqueles que gritavam enfurecidos um com o outro e nos prendiam em seu turbilhão. Viramos especialistas em perceber o mau humor dos dois, sempre em guarda para o momento em que a escuridão se instalava.

Eu sabia desde o início que o problema era o casamento arranjado que não tinha dado certo. Segundo minha mãe, ela se casou muito nova com um homem terrível dez anos mais velho que ela. Ela disse que meu pai a tratava mal, não a amava e que ela o odiava. Para mim, isso era confuso de entender, porque eu sabia que me parecia com ele e tinha herdado várias qualidades suas. Além disso, ele quase sempre era muito carinhoso comigo. Se ela odiava meu pai, e eu era parecida com ele, então parte de mim também era desagradável e passível de ser odiada. Eu tinha certeza de que era minha responsabilidade manter a paz entre os meus pais e mantê-los a salvo um do outro.

O divórcio não era uma opção. Nosso acordo tácito era que meus pais nunca deviam ter se casado, mas, já que casaram e tiveram filhas, não havia escapatória para ninguém.

Quando chegamos aos Estados Unidos, entendi que o divórcio era uma coisa normal. Havia até cingaleses que conhecíamos que tinham se divorciado e começado vidas novas. Havia um pouco de preconceito, mas não era algo impossível como no sul da Ásia e na África. Aos 13 anos, disse a meus pais que eles deviam se divorciar. Era surpreendente que eles não o fizessem. Levei décadas para entender que a narrativa de um casamento mal-arranjado era apenas uma desculpa para algo bem mais complicado de entender.

Cicatriz

Ao longo dos anos, quase sempre devido às minhas súplicas ou ameaças de cortar o contato, minha mãe começa a fazer terapia. No entanto, por volta do quarto mês, quando o trabalho difícil de introspecção se inicia, ela inevitavelmente interrompe o processo.

Há uma questão cultural para sua desconfiança. Por tradição, as famílias sul-asiáticas consideram os problemas de saúde mental uma vergonha, até possivelmente contagiosos. Quando minha mãe era adolescente, a prima mais bonita de sua geração começou a ter o que parece ser a descrição de um ataque psicótico. Os pais a levaram para fazer um tratamento no exterior, mas, como nada parecia funcionar, voltaram para o Sri Lanka e a isolaram dentro da casa da família. As pessoas sabiam que ela estava em casa, até a ouviam gritando no andar de cima, mas ninguém tinha autorização para vê-la. Essa internação familiar durou trinta anos. Em determinadas comunidades sul-asiáticas, a mulher louca trancada no quarto não é apenas uma história de terror gótico, mas uma possibilidade real para uma mulher que sofre de problemas psicológicos. Logo após seus ataques de raiva, quando se indispunha com as pessoas mais próximas ou quebrava as coisas, minha mãe costumava me ligar chorando e repetia sem parar: "Não sou louca". Ou seja, "não me interne, não jogue a chave fora".

Em vez de terapia, minha mãe apostava suas crenças em rituais. Na infância, ela sempre nos levava ao templo onde um padre hindu apoiava uma centena de limões em nossa testa e os cortava ali mesmo. A ideia era que o suco da fruta espirrasse no "olho grande" dos inimigos desconhecidos que estavam causando nossa infelicidade. Até hoje minha mãe manda e-mails e pergunta se o templo pode nos enviar amuletos de boa sorte abençoados pelo homem santo. Ela diz que mandou fazer nosso mapa astral e que devo usar cor-de-rosa e minha irmã deve usar dourado para nos mantermos a salvo das influências malignas. Ela não perde a esperança de nos tornarmos uma família feliz, se aderirmos a essas regras sempre mutáveis.

Quando eu tinha 17 anos, meus pais nos levaram para o interior da Índia, para o enorme *ashram* de seu guru, Sai Baba, um homem santo que tem milhares de devotos em todo o mundo. Ficamos numa cabana familiar, uma estrutura imensa e lotada. Dormimos em colchonetes no chão e comemos numa cafeteria gigantesca. Acordávamos às 3h30 da madrugada, e minha mãe, minha irmã e eu nos sentávamos no chão, do lado feminino, com centenas de mulheres ao nosso redor, todas na escuridão antes do amanhecer, esperando a chegada do guru. Quando ele surgia, as mulheres começavam a cantar. Quando um dia ele passou por nós, minha mãe, chorando, contrita, entregou a ele uma carta detalhando todas as suas aflições.

Eu não ligava a mínima para o guru. Odiava o lugar, as regras, a comida. Odiava a segregação de homens e mulheres. Eu tinha um namorado nos Estados Unidos, mas havia outros garotos bonitos dormindo em nossa cabana, incluindo dois irmãos da África do Sul.

Enquanto meus pais cochilavam no calor do meio-dia, eu ia ao canto em que eles ficavam e nos sentávamos no chão para cortar mangas. Quando a faca de um deles escapou e voou, instintivamente estiquei a mão para pegá-la, mas a lâmina cravou fundo entre os meus dedos médio e indicador da mão direita, chegando quase ao osso. O sangue jorrou com força.

A única coisa que passou pela minha cabeça era que minha mãe ficaria zangada. Pedi aos meninos e seus pais que não contassem a ela. Peguei um rolo de papel higiênico para estancar o sangue, depois outro, que ficaram empapados. Sujei de sangue a frente da minha túnica amarela. As pessoas me cercaram e as mulheres mais velhas murmuravam que eu havia sido punida por falar com meninos. Alguém contou à minha mãe e, quando ela chegou, estava com a expressão fria e enraivecida. Não falou nada. Simplesmente se virou e foi embora. Alguém enrolou minha mão numa toalha e meu pai me levou ao hospital. Na porta daquele lugar caótico e lotado, nós percebemos que meu pai não poderia entrar comigo, pois era um prédio segregado por gênero, então, mesmo sem falar a língua, entrei sozinha pelos corredores do hospital. Acabei encontrando uma médica, que me atendeu. Ela era cirurgiã e, para dar os pontos necessários, só tinha disponível um fio de sutura grosso e preto que era usado para incisões internas. Ficou parecendo que uma fileira de aranhas enormes estava segurando a pele entre os meus dedos.

Quando voltei do hospital, minha mãe me ignorou. Eu tinha desafiado a rainha e, portanto, não existia para ela. Sua raiva silenciosa durou dias. Vinte e oito anos depois, ainda tenho a cicatriz daquele corte. Ele me lembra de como é precisar de conforto e, em vez disso, receber ódio. Também me lembra de que em momentos de dor não devo buscar a ajuda dela, porque ela não tem condições de me atender, por ter sido uma criança traumatizada.

Sobrevivendo

Foi assim que sobrevivi à minha infância: ficando invisível. Na infância, mergulhei nos livros, tanto que tudo ao meu redor, incluindo meu corpo, desapareceu. Era uma atitude bastante lúcida. Tive muita sorte por ter descoberto, de forma inconsciente, os livros em vez de usar qualquer droga. Nunca me livrei totalmente dessa dissociação precoce. Minha vida interior foi passada dentro dos livros, tanto no papel de leitora como, mais tarde, no de criadora, e dessa forma talvez a doença da minha mãe tenha sido a principal força formadora da minha vida.

Quando adolescente, vi que nossa comunidade cingalesa de Los Angeles passava a imagem de uma minoria modelo, mas, atrás dos gramados bem cuidados, dos carros de luxo e dos vários diplomas, havia outros tantos níveis de podridão. Filhas que contavam em segredo que o pai as assediava, e todo mundo mandava que se calassem. Garotas que eram obrigadas pela mãe a se casar com homens vinte e cinco anos mais velhos, e ninguém falava nada. Desde que se alcançasse o sonho americano, nada do que acontecia dentro dessas casas tinha importância.

Foi nesse ambiente que aprendi a mentir. É surpreendente como isso aconteceu rapidamente. Quando eu tinha 12 anos, ela limpava a minha bunda, mas cinco anos depois eu saía de casa escondida para transar com meu primeiro namorado. Pelos padrões americanos, meu comportamento era normal. Pelos padrões do Sri Lanka, eu estava fora de controle. As mães recomendavam que as filhas não falassem comigo. Um tio ligou para os meus pais e disse que eu tinha sido vista com um garoto. Meus pais tentaram retomar o controle, mas já era tarde demais, e logo depois saí de casa para começar a faculdade.

Nos anos seguintes, escolhi sistematicamente parceiros que eram menos saudáveis que eu em termos emocionais. Eu conhecia o papel de salvador intimamente. Embora tenha saído de casa e me mudado para a área da baía de São Francisco, ia visitar meus pais com frequência. Quando minha mãe viajava de férias para o Sri Lanka, eu voltava para Los Angeles e cuidava dos negócios dela por meses. Ficava na casa dela, usava suas roupas, ou seja, eu *me transformava* nela. Quando eu voltava a São Francisco, conversava com ela quase todos os dias. Ela me contava seus problemas e muitas vezes acabava chorando de soluçar. Eu adotava um tom de voz tranquilizador que não usava com mais ninguém. Falava baixo e de modo delicado. Muitas vezes, meu corpo inteiro doía antes de ligar para ela, mas eu não prestava atenção nisso. Se eu não a persuadisse a se acalmar, coisas terríveis poderiam acontecer. Eu achava que, se descobrisse o método certo para ela – meditação, um livro, um terapeuta de que ela gostasse –, ela ficaria feliz. Eu a salvaria. Só dependia de mim. Eu tinha escapado das paredes da prisão da minha infância, mas carreguei outro tipo de prisão comigo, dentro de mim, até a idade adulta.

Salvando a minha própria vida

Conheci o homem que acabaria se tornando meu marido em 2007. Whit foi a primeira pessoa a me dizer que minha infância parecia disfuncional, que eu quase sempre chorava depois de falar com minha mãe, que eu voltava das visitas à casa de meus pais destroçada emocionalmente e com dores físicas e que, toda vez que ele e eu planejamos uma viagem, eu tinha que cancelar, ou quase cancelar, porque meus pais tiveram uma briga violenta ou um deles tinha ameaçado se suicidar. Eu mal percebia esses eventos como incomuns. Sim, minha família era caótica, mas o que eu podia fazer? Em relação às preocupações dele, eu disse: "Você não entende. Você é branco. É assim que funciona nas famílias do sul da Ásia".

Eu amava esse homem, mas não conseguia compreendê-lo. Ele queria um amor profundo e pacífico, mas, para mim, se a gente não tivesse conflito era um sinal de que não nos amávamos. Passei a primeira fase de nosso relacionamento esperando que ele gritasse comigo. Levei quatro anos para entender que ele nunca faria tal coisa. Fiquei surpresa quando, enfim, pude constatar isso. Levei muitos outros anos para relaxar e usufruir dessa segurança.

Nos primeiros anos de nosso relacionamento, eu era uma criança selvagem na arena do amor. Eu chorava, gritava, era extremamente ciumenta. Se ele passava um tempo com os amigos, ainda mais se tivesse uma garota no grupo, meu corpo inteiro entrava num processo de pânico e dor. Parecia que eu ia morrer. Certo dia, passamos a manhã juntos e ele disse que ia assistir a uma partida de futebol americano com os amigos e me veria no jantar. Depois que ele saiu, fiquei sentada no meu carro chorando durante três horas. Estava histérica, mas quando ele voltou já tinha me recuperado. Eu me assustei comigo mesma aquele dia. Sabia que algo estava muito errado. Sabia que, se não fizesse algo, íamos nos separar, mas o pior é que eu ia continuar me comportando dessa forma em todos os relacionamentos futuros. Ia passar a vida sendo dominada por incontroláveis ataques de tristeza e raiva. Ia desperdiçar minha vida, preciosa e única.

Reprogramando o meu cérebro

O que aconteceu nos cinco anos seguintes foi uma jornada em direção à cura, que continua até hoje. Envolveu desconstruir as redes neurais que foram implantadas em meu cérebro na infância e lá permaneceram por mais de trinta anos e substituí-las, uma a uma, com algo novo. Como qualquer reconstrução, foi excruciante.

Três ferramentas aplicadas ao longo de três anos me ajudaram a mudar de vida: a meditação Vipassana, que me permitiu entrar em contato com o meu próprio corpo; o grupo de Codependentes Anônimos, que me mostrou que os comportamentos que me permitiram sobreviver na infância não estavam mais me servindo; e a orientação de um terapeuta qualificado, que me acolheu e me reeducou na idade adulta.

A outra coisa que me salvou foi estar em um relacionamento romântico sério. Tive ataques durante anos e, quando tudo passava, Whit ainda estava lá. Com ele, eu tinha todas as emoções que não tive permissão de sentir na infância porque, pela primeira vez, eu me sentia segura. Alguma parte de mim acreditou que podia confiar nele, embora eu não acreditasse conscientemente nisso até muitos anos depois. Ele entrou na relação imbuído de compreensão e compaixão e eu não poderia ter desejado um parceiro de vida mais amoroso.

Outra explicação

Fiz terapia por muitos anos antes de meu terapeuta dizer: "Sua mãe pode ter um transtorno de personalidade borderline"; uma porta se abriu. Talvez os "maus humores" dela não fossem apenas problemas conjugais, mas um transtorno de personalidade passível de diagnóstico, algo que podia ser identificado e discutido. Sei que não posso fazer um diagnóstico da minha mãe. Sei que é extremamente complicado chegar a esse diagnóstico, mesmo quando se trabalha de perto com um terapeuta. Mas o que posso dizer é que, quando li sobre essa doença, pela primeira vez em minha vida as peças dissonantes da minha infância se encaixaram. Pela primeira vez, senti esperança por mim mesma e compaixão por minha mãe.

O site borderlinepersonalitytreatment.com apresenta os seguintes sintomas como referências para a identificação do transtorno de personalidade borderline (uma doença desenvolvida na infância por conta do abandono, abuso ou morte): negligência, controle exagerado, raiva, crítica, culpa, emaranhamento familiar, alienação parental.

Transtorno de personalidade borderline

Aprender sobre o TPB foi uma descoberta. Em minha opinião, o livro mais esclarecedor foi *Understanding the Borderline Mother: Helping Her Children Transcend the Intense, Unpredictable, and Volatile Relationship* [Entendendo a mãe borderline: ajudando seus filhos a transcender a relação intensa, imprevisível e volátil], de Christine Ann Lawson. Reconheci a minha família em cada uma das páginas. O livro descreve o comportamento desconcertante de minha mãe com uma precisão quase impossível de acreditar. Explica como nos unimos em família para gerenciar, desculpar e ignorar o que estava acontecendo dentro da nossa casa, e como meu pai permitia isso. O livro explica que minha irmã e eu fomos, respectivamente, escolhidas como a filha boa e a filha ruim, dois rótulos com consequências perigosas.

O livro ampliou a minha visão sobre a minha própria vida como nenhum outro que eu tenha lido antes. Pela primeira vez, percebi que o que tinha vivido na infância não era um fragmento da minha imaginação. Sublinhei o parágrafo a seguir nas duas cópias que tenho do livro: "Filhos de pessoas com o transtorno borderline vivem como se tivessem caído na toca de coelho (como em *Alice no País das Maravilhas*). Eles ouviram a Rainha de Copas ordenar que todos fossem decapitados. Eles compareceram ao chá do Chapeleiro Louco e discutiram com a Duquesa pelo direito de pensar os próprios pensamentos. Eles se afligem por se sentirem grandes num minuto e minúsculos no outro".[1]

A coisa mais importante que aprendi é que, como a filha primogênita "ruim" de uma mãe borderline, corri o risco de desenvolver a doença. Foi graças aos exemplos de outros adultos e da imersão na literatura que escapei com sintomas menos graves e reversíveis.

À medida que lia o livro, fui ficando agoniada sobre contar ou não à minha mãe. É como saber que a pessoa é diabética e guardar essa informação para si mesma. Parecia injusto não contar a ela, mas ao mesmo tempo era aterrorizante. Um dia, falando com ela ao telefone, as palavras saíram da minha boca espontaneamente. Contei que tinha aprendido sobre essa doença e que não era culpa dela, mas que achava que ela poderia sofrer desse mal. Ela não ficou zangada, mas receptiva. Perguntei se podia ler a lista de sintomas e ela disse que sim. Li uma lista de trinta sintomas. A cada um, ela repetia: "Não, não tenho esse". E eu então a lembrava de um episódio em que ela havia se comportado daquela forma até chegarmos ao final da lista.

Perguntei se podia lhe enviar informações e ela aceitou, então enviei uma caixa com livros que tratam sobre a doença. Ela acusou o recebimento e, quando tentei conversar com ela sobre os livros, perguntar se tinha lido algum, ela se esquivou. Parei de perguntar e

---

[1] Christine Ann Larson, *Understanding the Borderline Mother: Helping Her Children Transcend the Intense, Unpredictable, and Volatile Relationship* [Compreendendo a mãe borderline: Ajudando seus filhos a transcender uma relação intensa, volátil e imprevisível], Rowan & Littlefield, 2004, p. 278.

ela nunca mais mencionou os livros, nenhuma vez. Quando visito meus pais – hoje em dia, é muito raro –, vejo os livros na estante da sala de estar ao lado de nossos livros infantis e didáticos, como se fosse mais uma camada de detritos se acumulando na casa. Ela deve estar relutante em jogá-los fora desde que recebeu o pacote. Ela nunca foi capaz de aceitar o fato de que tantos comportamentos que ela mesma considera inexplicáveis podem ter um nome.

Acho que agora entendo melhor a minha mãe. Sei que, apesar de magoar as pessoas, é ela quem mais sofre. Tenho assistido a vídeos de recuperação do transtorno de personalidade borderline no YouTube, que explicam como é ter um cérebro que ataca implacavelmente a si mesmo. Pessoas borderline em geral sentem desprezo por si mesmas e desespero. Reconheço que, quando a minha mãe se trancou no chuveiro durante horas em minha infância, ela estava tentando de forma desesperada controlar seu implacável sofrimento psíquico.

Assisti ao depoimento de uma pessoa borderline em recuperação: "Eu podia ser muito cruel, magoar as pessoas que amava. Falava coisas horríveis para elas, percebia que as magoava, mas não conseguia parar. Era como se eu quisesse continuar a me magoar através delas".[2] Minha mãe também parecia não conseguir parar. Ela também parecia se magoar ao ferir aqueles que amava. Tinha pavor de afastar as pessoas, mas não conseguia se controlar e parar de fazer as coisas que afastavam as pessoas. A única maneira de se proteger desse ataque era sair de perto e deixá-la sozinha. Como bem coloca o livro *Understanding the Borderline Mother*: "A maior proteção que o filho de um borderline tem é a possibilidade de ir embora".[3]

O transtorno de personalidade borderline não tem cura. Ainda não se descobriu nenhum remédio que seja eficiente. No entanto, a terapia de longo prazo com um profissional qualificado, que seja focada no gerenciamento dos sintomas, pode promover uma

[2] Mãe recuperada: "Eu me sentia como uma criança o tempo todo", vídeo do YouTube, 10:52, dezembro de 2016, https://youtube.com/watch?v=eoqy3WM7YO0.

[3] Christine Ann Larson, *Understanding the Borderline Mother*, 2004, p. 278.

qualidade de vida muito melhor, especialmente no campo das relações interpessoais. Mas infelizmente minha mãe nunca se interessou por uma terapia de longo prazo.

Memória

Certa vez, quando estava visitando meus pais, encontrei uma longa lista colada ao micro-ondas. Meu pai listara todas as vezes que minha mãe o humilhou em público, se automutilou, falou coisas horríveis para a família dele e gritou com alguém no mês anterior. Os incidentes tinham datas. Ele estava intuitivamente tentando controlar a doença dela e fazê-la se lembrar dos momentos em que ela o magoou, na esperança de que o tratasse melhor.

Os incidentes que estão gravados na minha mente, bem como na da minha irmã e do meu pai, em geral foram esquecidos por minha mãe. Não entendia essa discrepância até ler o seguinte: "Estudos mostram que emoções cronicamente intensas danificam a parte do cérebro responsável pela memória... Como a mãe borderline é incapaz de se lembrar dos eventos muito emocionais, *ela é incapaz de aprender com a experiência* [grifo meu]. Ela pode repetir comportamentos destrutivos sem se lembrar das consequências anteriores".[4]

Esta é a parte mais triste da nossa história. Minha mãe tem memória de uma vida diferente da que vivemos com ela. O abismo entre nós é intransponível porque ela, muitas vezes, embora não sempre, não consegue lembrar por que um ente querido está magoado e, portanto, precisa se afastar física e emocionalmente dela.

Minha memória também é irregular e incompleta. No dia anterior ao seu casamento, minha irmã, Namal, e eu nos sentamos na cozinha de uma amiga para conversar sobre nossa infância. Eu perguntava: "Você se lembra disso?". E minha irmã respondia: "Ah, tá, tinha me esquecido disso". Daí era a vez dela: "Você se lembra quando isso aconteceu?", e uma memória acendia como uma chama

---

[4] Christine Ann Larson, *Understanding the Borderline Mother*, 2004, p. 278.

na minha mente. A amiga dela estava em silêncio até que por fim declarou: "Vocês estão falando como se não fossem coisas importantes, mas tudo isso é totalmente insano". Nós nos entreolhamos, surpresas. Não tínhamos pensado nisso como particularmente disfuncional. Tanta coisa aconteceu que normalizamos o que muitos não conseguiriam normalizar e esquecemos o que a maioria não esqueceria. Neste ensaio, abordei apenas algumas memórias que estão claras. Há uma névoa nas outras. Uma das maiores bênçãos da minha vida é o fato de que minha irmã seja capaz de espelhar a minha experiência.

Afastamento

Um dia, entendi que para recuperar a minha vida era preciso me separar emocionalmente dos meus pais. Assim, seis anos atrás, avisei que me envolveria menos na vida deles e que, se insistissem em falar sobre meu parceiro, pediria que parassem. Se continuassem, eu desligaria o telefone.

Foram meses de confronto enquanto tentava me afastar. Meu pai ligava e dizia que minha mãe estava tão chateada por eu não estar ligando para ela que se trancou no banheiro e que ele estava com medo de que ela se machucasse. Ele passou o telefone pela porta entreaberta e fiquei lá, ouvindo-a chorar e balbuciar frases inteiras numa voz infantilizada. Num certo momento, ela disse "eu te amo" várias vezes, centenas de vezes, numa vozinha de menina. Não sei se ela estava dizendo isso para mim, para ela mesma ou para outra pessoa. Respondi na antiga voz apaziguadora até minha mãe me parecer coerente, para que eu pudesse encerrar a ligação. Quando desliguei, estava exausta, com o corpo inteiro doendo e furiosa comigo mesma por não ser capaz de estabelecer limites.

Meses depois, meu pai ligou e disse com uma voz estranha: "Não aguento mais. Vou fazer uma besteira". Pedi que ele esperasse um pouco, pois eu estava em um passeio nas montanhas e o sinal de telefone era ruim. Desliguei e desci a serra como uma alucinada, ligando para ele sem parar e sem conseguir contato. Imagens do corpo do meu pai sangrando no chão da cozinha ou desmaiado na cama de casal passaram pela minha mente. Liguei para meu primo Dinesh, que mora no Sri Lanka e tem sido um confidente. "Chame a polícia", ele disse. Liguei para Whit. "Chame a polícia", ele repetiu. Então, apesar do meu medo sobre como tratariam os corpos de pessoas não brancas, liguei para a polícia e falei com um policial. "Ah, sim, conheço aquela casa. Já estive lá antes", respondeu ele. Desliguei e liguei para o meu pai novamente. Ele atendeu o telefone dessa vez e disse que tinha ido caminhar para espairecer depois de uma briga feia com minha mãe. Ele estava bem agora. Até perguntou porque eu parecia chateada e então falou: "Espere, tem alguém tocando a campainha". E depois: "É a polícia". Eu disse: "Sim, liguei para eles porque não sabia se você tinha se matado". Ele rebateu: "Por que você fez isso? Os vizinhos vão ver".

Ele acabou sendo internado numa instituição por três dias. Quando saiu de lá, disse que tinha conversado com um terapeuta e que foi a melhor coisa que lhe aconteceu porque alguém realmente o havia escutado. Pedi que ele continuasse o tratamento terapêutico, mas ele disse que não o faria porque todos sabem que terapeutas são trapaceiros, visto que não têm interesse na melhora dos pacientes, pois parariam de ganhar dinheiro.

Foi a gota d'água. Se eles não estavam interessados em se salvar, eu não ia me afogar junto com eles.

Amor

Não sei se os comportamentos que presenciei quando criança continuam se repetindo na casa em que cresci. Espero que, à medida que envelhecem, meus pais tenham encontrado uma maneira pacífica de conviver um com o outro. Acho que conseguiram se reinventar como bons avós para as filhas de minha irmã. Mas, como disse antes, eu os vejo muito pouco atualmente. Poucas horas na companhia deles me deixam acuada pela montanha intransponível de conversas que não podemos ter. Ao lado deles, fico muda, melancólica e grosseira. Eu me transformo numa pessoa diferente daquela que sei que sou, diferente da versão que os mais próximos conhecem. O peso das coisas não ditas converte meu coração num punho cerrado.

É importante que eu também diga o seguinte: meu pai e minha mãe foram bons pais de muitas formas. Nos vários momentos em que me recusei a cumprir o papel tradicional de filha sul-asiática, eles foram solidários de uma maneira que a maioria dos pais do sul da Ásia não é. Além disso, sempre foram generosos financeiramente. Ao contrário de boa parte dos meus amigos, nunca tive que trabalhar durante a faculdade. Pude me formar sem dívidas, um tremendo presente nos dias de hoje, quando as dívidas prejudicam bastante a vida dos estudantes. Eles nos levaram para conhecer lugares que os meus colegas nunca imaginaram. Num incrível ato de generosidade, meu pai recentemente ajudou Whit e eu a comprarmos uma casa. Quando eu estava batalhando para vender o meu primeiro livro, minha mãe me enviava cheques sempre que podia e me hospedou em sua casa no Sri Lanka quando fui lá. Eles são afetivos e generosos de muitas formas. Reconheço e guardo isso como parte de nossa verdade familiar. Tenho certeza de que essas revelações sobre a minha infância soarão como uma profunda ingratidão para eles. Por isso, preciso dizer que sou muito grata por tudo o que eles me deram.

Nas raras visitas que faço à casa em que cresci, vejo dezenas de fotos minhas e da minha irmã, quase todas de nossa infância ou adolescência. Como se os relógios tivessem parado nessa época. Sei que os meus pais me amam e sentem a minha falta. Eu também lamento profundamente tudo o que perdemos, mas cheguei ao fundo do meu poço particular. Percebo que há muita compaixão, embora eu não tenha encontrado esperança suficiente de conexão além disso.

Quando me despeço de meus pais na casa da minha infância, eles ficam na porta acenando. Minha mãe, nos degraus da frente, meu pai, na beira do gramado. Eles acenam e acenam enquanto me afasto. Só entram em casa quando não conseguem mais ver o carro. Até lá, continuam acenando até ficarem muito pequenos, como miniaturas, em meu espelho retrovisor, e então desaparecem.

Aos poucos, consigo me lembrar que fiz um caminho diferente. Encontrei pessoas que conhecem o meu coração e o mantêm seguro.

A *persona* que criei para mim mesma é alguém de quem, na maioria dos dias, eu gosto, a quem respeito e amo. Encontrei a mim mesma e aprendi que *o amor também é contagiante*. Aprendi que a cura é possível. Que podemos ter uma vida que nem podíamos imaginar quando somos pequenos e que podemos trazer as crianças que éramos para essa vida nova e luminosa.

*

Pós-escrito: Seis meses antes da publicação deste ensaio, enviei uma cópia para minha mãe. Esta é a resposta que ela me enviou por e-mail: "Duwa, fico muito orgulhosa de você pela coragem de publicar este ensaio! Vai ajudar muitas outras pessoas. Lamento muito pelo que aconteceu em nossa vida. Assumo toda a responsabilidade. Não posso mudar o passado!!! Amo muito você e espero que possamos seguir em frente para construir uma relação melhor no futuro. Tenho orgulho de todas as suas realizações incríveis. Amo você, Ammi".

Tudo sobre a minha mãe

Por Brandon Taylor

Minha mãe não se abria muito com ninguém. Há essa ideia de que as famílias do sul dos Estados Unidos são cheias de histórias, mas não é o caso da minha. Talvez minha família tivesse muitas histórias, mas não as contava, ou, se as contava, as histórias vinham carregadas de um preço tão alto que geralmente ficávamos dias sem nos falar depois de contá-las.

Uma vez minha mãe disse que eu não abria mão da minha chupeta quando era muito pequeno. Ela havia tentado tirar a chupeta quando eu tinha 1 ano e depois, de novo, quando estava com 2 anos, mas não deixei. Eu a levava comigo para todos os lugares e a mantinha direto na boca, inclusive durante o sono. Contou que tentou tirá-la quando passei a mamar na mamadeira, mas não conseguiu, pois a segurei nas mãos com muita força. Ela podia tê-la arrancado dos meus dedos facilmente se quisesse. Afinal, eu era um bebê e, portanto, não tinha como resistir, mas ela não teve coragem no momento crucial. Ela puxou e eu a segurei com força com a boca ou com as mãos, meus olhos se encheram de lágrimas e comecei a fazer um som de soluço, como se estivesse tentando engolir algo grande demais para passar pela minha garganta. Ela puxava e eu resistia, e ela não teve a coragem necessária para tirar a chupeta de mim.

Certo dia eu não estava bem do estômago. Sempre tive um estômago sensível. Algo em mim estava sempre quente e febril, algo sempre perturbando minha barriga. Mas nesse dia fui ao banheiro sozinho e vomitei. Ela veio me ajudar porque eu estava debruçado no vaso sanitário; ao olhar para baixo, ela percebeu que eu estava tentando tirar a chupeta do vômito. Ela viu a oportunidade e puxou a descarga.

Ela me contou essa história pela primeira vez no meu aniversário de 5 anos, eu acho. Todos na sala riam de mim – do menino que eu era, ou do bebê que tinha sido, não sei bem – e ela estava em pé, na bancada do velho trailer onde morávamos juntos. Ela colocou a mão no quadril e balançou a cabeça. Depois, disse: "Você sempre foi assim, guloso". Fiquei incomodado com aquele comentário. Eu tinha começado a engordar. Já estava usando roupas mais soltas. Ela repetiu a frase, para reforçar: "Guloso, guloso". A voz dela acompanhou a gargalhada de todo mundo. Eu me sentei no chão brincando com o brinquedo que o pai de um primo tinha comprado para mim. Meu rosto ficou quente. Ela balançou a cabeça novamente. "Você é mimado", ela disse. Mimado. Guloso. Alguém me chamou de Albert gordo e o apelido pegou, porque o nome do meu pai era Alvin e ele, às vezes, era chamado de Albert.

Eu era corpulento. Albert, o gordo. Esse foi o presente que ela me deu no meu aniversário. Isso e cachorros-quentes com salsichas cozidas demais e cortadas ao meio em fatias de pão branco.

Achei a história incrível por várias razões, entre as quais o fato de minha mãe não ter tido coragem de tirar a minha chupeta. Esse ato de generosidade e benevolência me surpreende. Na época, me perguntei o que havia acontecido para transformá-la de alguém que não teve coragem de tirar a chupeta de um bebê chorão em alguém que me chamava de guloso no dia do meu aniversário por comer doces e bolo. Ela sempre repetia essa história. E outra coisa que achei extraordinária é a consistência da história; quando minha mãe contava outras histórias, elas sempre mudavam, influenciadas por seu estado de espírito ou por qualquer ponto que ela estivesse tentando defender.

Quando eu era muito jovem, minha mãe trabalhava como camareira num motel local. Nenhum dos meus pais dirigia. Minha mãe porque há muitos anos ela saiu da estrada e passou a ter medo de dirigir, e meu pai porque ele é considerado cego. Por isso, não tínhamos um carro. Para chegar ao trabalho, minha mãe pegava carona com uma das minhas tias ou pagava 5 dólares para o cunhado levá-la, mais 5 dólares para ele pegá-la. Na época, morávamos num terreno de uns 6 mil metros quadrados, antes pantanoso e sem vegetação alguma, no fundo da propriedade de meus avós. Meus pais nunca tiveram nenhum terreno próprio e o trailer foi dado pela irmã de minha avó, que se mudou para o outro lado da propriedade, indo morar no fundo de uma colina de barro vermelho, nas terras de minha bisavó. É estranho pensar nisso agora, que todos os meus parentes se aglomeraram e que os filhos nunca compraram as próprias terras e ficaram com os pais até que ficassem velhos demais, ou suas famílias grandes demais, e caíssem como frutas maduras no quintal. Mas essa situação era conveniente para os meus pais, que, como eu disse, não dirigiam.

Minha mãe trabalhava porque meu pai não podia sair para trabalhar. Nunca perguntei se ele conseguia enxergar alguma coisa, embora tenha testado indiretamente os limites da sua visão do jeito que as crianças sempre testam os limites do amor dos pais. Eu esperava o momento em que ele estava na sala sozinho. Era importante que ele estivesse sozinho porque eu não queria que outra pessoa chamasse o meu nome ou estragasse minha brincadeira. Eu ficava imóvel ao lado dele, ou um pouco mais distante no corredor, esperando que ele se virasse na minha direção. Eu me mantinha totalmente estático, pensando que, se não respirasse ou me movesse ou fizesse o piso ranger, ele não ia poder usar sua audição para me encontrar. Às vezes, ele entrava no meu quarto e dava uma olhada, mas, mesmo que olhasse na minha direção, não me via. Ele entrava no meu quarto, me chamava pelo nome, mas não daquele jeito que você chama uma pessoa para quem está olhando, para chamar a atenção dela. Era a voz que se usa quando se está procurando por alguém, quando se está de frente para uma fileira de árvores que escondem algo de que está precisando, então você chama na esperança de que a pessoa apareça de trás de uma dessas árvores e se aproxime rápido como o vento. Ele vinha até o meu quarto, me chamava pelo nome, depois saía. Eu estava bem ali, na cama ou no chão, diante dele. Como minha mãe trabalhava, ficávamos bastante tempo sozinhos. Outro jogo que eu gostava de fazer era esperar a voz dele ficar rouca de tanto repetir o meu nome, então eu surgia por trás e encostava o meu rosto nas suas costas, apertando seu corpo e dizendo: "Estou bem aqui, você não me viu".

Ele reclamava, resmungava, se abaixava e me beliscava, dizendo: "Não vi mesmo".

Quando minha mãe chegava em casa no final da tarde, não tinha paciência para nada. Ela chamava o meu nome uma vez, e eu sentia um arrepio gelado percorrer a espinha. Corria para qualquer lugar onde ela estivesse, e mesmo assim ela parecia já zangada com alguma coisa. Seus olhos eram muito escuros e estreitos. Seu cabelo era preto, e ela o mantinha sempre alisado e cortado no estilo Chanel antes de raspar a cabeça durante a minha adolescência. Ela quase não usou bijuteria ao longo da vida. Havia uma espécie de mistério sombrio em torno dela, como se nada a afetasse ou conseguisse ficar perto dela sem ser despedaçado ou destruído.

Eu me lembro de que o ar ficava escuro e frio sempre que ela estava por perto, e que eu tinha medo de levar uma surra por algo que tinha deixado de contar, algo que ela percebia intuitivamente. Minha mãe não era o tipo de pessoa que brincava com crianças. Mesmo quando ela tentava interagir conosco, eu sempre sentia a lâmina de seu escárnio me esfaqueando nas laterais. Quando eu ouvia os degraus lá fora rangerem, pulava da cama e pressionava o rosto contra a janela para vê-la subindo um degrau por vez, seu peso levantando a poeira das tábuas sólidas, enquanto ela se arrastava para dentro de casa.

Ela às vezes trazia sacolas plásticas cheias de coisas esquecidas ou descartadas por outras pessoas. Eram travesseiros do hotel em que trabalhava, além de vários carregadores e cabos. De vez em quando trazia também brinquedos ou camisetas. Num outro momento da minha vida, ela trabalhou, em minha cidade natal, num hotel com um campo de golfe anexo e trazia todo tipo de coisas para casa, itens mais caros: MP3 players, câmeras fotográficas, camisas polo de grifes, sabonetes e xampus; eram objetos que pareciam fora do lugar no trailer em que vivíamos. Era como se ela estivesse tentando nos tirar daquele lugar, um item por vez. Era como se aquelas coisas pudessem melhorar a nossa vida em vez de nos deixar ainda mais conscientes da nossa situação diante da estranha importância daqueles objetos em nosso universo.

Eu tenho um irmão, embora as minhas primeiras memórias não o incluam. Ele está sempre ao ar livre, perambulando por aí, batucando debaixo da casa ou sumindo na mata. Considerando como as coisas se desenrolariam no futuro, fico surpreso com a extraordinária ternura contida nessas memórias iniciais, as suas tonalidades cinzentas, mas o que acho mais incrível é uma coisa que outras pessoas podem até achar comum: meus pais não me deixavam sair de casa nos meus primeiros anos de vida. É por isso que a memória desse período é limitada. Eu não tinha permissão para ir além do quintal.

Quando estava com 5 ou 6 anos, essa fronteira se ampliou até a estrada. Ou seja, passei a ter permissão para sair do meu quintal e entrar no quintal dos meus avós. Podia me aventurar pela mata densa, saltar as margens do barranco ou deslizar por suas margens escorregadias até um vale cheio de *kudzu*, uma trepadeira rasteira que cobria todas as peças de carros abandonadas na vala. Mas não tinha permissão para atravessar a estrada e visitar a irmã do meu pai, de quem eu me lembrava como alguém que me dava brinquedos e presentes, brincava comigo e me deixava pentear o cabelo dela. Eu só podia visitá-la quando meu pai me dava a mão e me ajudava a atravessar. Outra coisa dessa época que me chama a atenção é o fato de nunca ter tentado largar a mão dele e correr na frente. Nunca abaixei a mão, me contorci ou tentei fugir dele na estrada. Nunca tentei fazer mal a meu pai. Quando olho para as crianças nas ruas, vejo que elas testam sua independência e tentam fugir dos pais. Observo que soltam as mãos dos pais e correm pelas ruas, de um lado para outro, num mundo tão sem perigo até o momento em que do nada aparece um carro em alta velocidade e, de repente, o mundo fica bem menor e muito mais vasto ao mesmo tempo.

Mas nunca fui assim. Eu segurava na mão do meu pai para atravessar a estrada. Ou pedia à minha avó para me levar do outro lado para procurar meu pai. Na única vez que atravessei a estrada sem permissão, minha mãe tinha ido à cidade comprar sapatos para eu ir à escola de crianças maiores. Eu começaria a primeira série dali a algumas semanas e isso me deu coragem. Atravessei a estrada correndo para ver a minha tia. Fiquei lá, no sopé da colina onde ela morava e subi bufando, acenando quando ela chegou de carro depois do trabalho. Ela preparou um lanche para mim, me deu uvas e me deixou assistir a desenhos animados e então me levou para casa. Minha mãe estava à minha espera. Ou melhor, me disseram que ela havia comprado uma coisa para mim e que estava me esperando num dos quartos dos fundos da casa da minha avó. Entrei e peguei a caixa de sapatos deixada sobre a cama. De repente, minha mãe saiu de trás da cortina que esconde a porta do armário, furiosa e gigante, me agarrou pelo braço com força e me bateu várias vezes. Depois, levou a caixa de sapatos e disse que eu iria à escola descalço já que me achava tão crescido.

No entanto, o que me impressiona é que antes disso, quando eu era pequeno, um bebê, na verdade, uma criança pequena, eles me mantinham em casa. Parece o tipo de gesto incompreensivelmente carinhoso. O tipo de coisa que se faz quando se ama alguém e quer protegê-lo. E é isso que tenho dificuldade de entender. Eles me amavam o suficiente para me manter em casa quando eu tinha 4 anos. Amavam-me o suficiente para não me deixar descer as escadas sozinho. Sempre seguravam a minha mão e descíamos juntos.

A primeira coisa que o meu pai me disse quando minha mãe morreu foi que ela me amava. Na época, achei uma coisa ridícula de se dizer. Não porque o amor dela fosse evidente para mim – não era e nunca será realmente algo evidente –, mas porque ele achava que significava muito para mim e eu, naquele tempo, não considerava assim. Zombei e fiz uma piada, então ele repetiu: "Ela te amava. Você sabe disso, não é? Ela te amava".

Minha família não falava esse tipo de coisa. Minha família era uma sequência de fúrias reprimidas atrás de portas fechadas. Não falávamos "Amo você" ou "boa noite" ou "bom dia" uns para os outros. O mero ato de falar parecia tenso e difícil para qualquer um de nós. Falar alguma coisa parecia colocar em risco a parte mais vulnerável de si mesmo. Mas eu falava de qualquer modo. Não por bravura ou qualquer coisa assim, mas por estupidez, que é como as crianças falam. Nós fazemos uma barulheira sem nenhum significado. Mas meu pai resolveu começar a dizer essas coisas depois da morte da minha mãe e eu dei um vexame ao não retribuir as palavras. Jogamos esse jogo por tanto tempo, de acordo com um conjunto de regras, que não vejo sentido em mudá-las agora.

Ultimamente comecei a pensar se este não é apenas o meu sentimento como o bebê da família, o pirralho, a dor de cabeça deles. Todos esses anos achei que estava pregando uma peça no meu pai ao não atender quando ele me chamava, ao não me revelar para ele, ao fingir que não estava perto, pois achava que era invisível.

É típico de uma criança egoísta acreditar que está no comando, sem conseguir compreender que um pai possa fingir não a ver caso perceba que a brincadeira de se aproximar sorrateiramente por trás traria alegria ao filho.

Você deixa escapar muita coisa numa primeira impressão.

Minha mãe morreu em 2014, quatro anos antes de me sentar para escrever este texto. Ela teve câncer por um período curto, mas intenso. Tenho dificuldade em descrever isso. Não queria dizer *batalha* porque não foi exatamente uma batalha. Ela teve câncer. E morreu disso. Não temos uma palavra específica que possa representar o tempo que passamos doentes, sabendo que aquela doença provavelmente nos matará. Ela teve câncer de pulmão, que se desenvolveu a partir de um tumor no esôfago, pelo menos essa é a história que eu conheço. Nunca soube o que fazer com as histórias em minha família, quantas são verdadeiras ou inventadas para resolver uma nota discordante. Mas sei que ela teve câncer e que agora está morta, e isso já tem alguns anos.

Antes da morte da minha mãe, eu não escrevia muita não ficção. Mesmo os ensaios que entreguei para a faculdade eram pouco inspirados. É o que acontece quando se é criado numa família que tem uma relação impaciente com os fatos. Não estou me referindo exatamente à *verdade* porque acho que eles disseram a verdade da melhor forma que puderam. Estou me referindo aos *fatos*, coisas que supomos constituir a verdade. Um exemplo: quando era bem pequeno, perguntei a meu avô se havia pintinhos nos ovos coletados no galinheiro. Ele respondeu que não, que os ovos que comíamos vinham de galos, que eram meninos e, portanto, não podem colocar ovos com pintinhos dentro. Acreditei nisso durante muito tempo e, quando descobri que não era verdade, eu o confrontei. Ele apenas deu de ombros e disse: "Isso não é incrível?".

Veja aqui outra história: quando minha mãe recebeu o diagnóstico de câncer, ela me contou que o médico disse que ela podia escolher entre quimioterapia e cuidados paliativos numa casa de repouso, e que a palavra *repouso* a fez sorrir. Ela respondeu: "Sou uma lutadora. Eu luto". Quando minha avó depois me contou a história, ela disse que tinha sido difícil convencer minha mãe a *não* ir para a casa de repouso, que ela quase tinha assinado a autorização para receber cuidados paliativos. Outra história: na última conversa que tive com minha mãe, ela reclamou que meu irmão era irritante, que ligava para ela sem parar e não a deixava descansar porque queria incomodá-la, aborrecê-la, irritá-la. Meu irmão me contou depois que conversaram pelo telefone e que ela disse que o amava e começou a chorar. Eles não falaram nada sobre mim.

Acho difícil organizar os fatos. Acho difícil decidir o que fazer com eles, como lhes dar sentido e montar uma narrativa. A verdade é o que emerge da organização cuidadosa dos detalhes. O fato é a palavra que usamos para descrever um detalhe que tem alguma relação particular com a verdade. Mas qualquer conjunto de detalhes pode ser organizado de forma a parecer coerente com a verdade – e quando identificamos essa verdade, chamamos esses detalhes de fatos, mesmo que anteriormente fossem falsos. Tive muita dificuldade em escrever ensaios porque sempre considerei os fatos muito traiçoeiros. Minha família acreditava em fantasmas e assombrações, e que se você dormisse de costas uma bruxa subiria em cima de você e o estrangularia ou amaldiçoaria, e que se fosse dormir depois de comer muita carne de porco ou sal o demônio entraria em seu quarto e invadiria seus sonhos. O que eu poderia ter a ver com ensaios e sua racionalidade, organização e objetividade quando as únicas coisas que eu conhecia tinham a ver com escuridão e ambiguidade? Pegue, por exemplo, o amor: para muitas pessoas, é expresso através do toque, das palavras ou de algum outro gesto de afeto. Na minha família, o amor era o acúmulo lento de momentos nos quais eu não estava sujeito a grandes perigos.

O que é o amor se você não o conhece em primeira mão? Isso é um fato ou um simples detalhe?

Fico mais à vontade na ficção do que na não ficção. Na ficção, você decide o que é real e o que não é, o que é verdade e o que não é, quais informações são fatos e quais são meros detalhes. Na ficção, sou o olhar perspicaz, a única fonte da verdade. Mas, quando tentei escrever sobre a minha mãe, todas as minhas histórias eram desinteressantes. Aparentemente, eu não conseguia tratá-la com uma linguagem ficcional. Na verdade, meus diários sobre o período da morte dela são cheios de detalhes sobre o tempo e a sensação de que um abismo se abriu dentro de mim. Nos primeiros dias após sua partida, tentei culpar alguém e reunir um conjunto de dados que pudesse me dar alguma dica ou pista de como seguir em frente. Mas achei que não tinha o direito de me sentir daquela forma, tão triste por ela, depois das coisas horríveis que pensei dela ou do que ela me fez passar.

Eis alguns detalhes sobre minha mãe: uma vez ela me fez limpar as axilas na frente de outras pessoas alegando que eu estava com mau hálito e fedia. Em outra ocasião, ela abriu o diário que eu guardava embaixo da cama e o leu no meio de uma festa. Ela me chamava de bebê peitudo e de bebê mariquinha e zombava do jeito que eu falava. Chegou a tentar esvaziar minha conta bancária usando cheques em branco que encontrou no meu armário, alegando que precisava de 200 dólares para comprar material escolar para minha sobrinha, mas na verdade usou o dinheiro para comprar cerveja Natural Light. Outra vez, entrou em tal frenesi ao me chicotear que quebrou a lâmpada do teto e me fez catar o vidro espalhado no lençol no escuro. Mas era adorada pelas amigas, pois tinha o tipo de personalidade que conquista as pessoas: era boa ouvinte, tinha um conhecimento enciclopédico de fofocas dos vizinhos e era engraçada a ponto de fazer comentários tão afiados e verdadeiros que, mesmo que fossem sobre você, você acabava rindo também. Era generosa com o seu tempo e queria muito do mundo, embora acreditasse que ele tinha muito pouco a lhe oferecer. Ela queria morrer, mas minha avó não deixava.

O que me impediu de escrever sobre ela e sobre o luto na ficção era que me faltava um sentimento genuíno e humano por minha mãe. Não, isso não é exatamente verdade. O que me faltava era empatia por ela. Estava tão interessado nos meus próprios sentimentos em relação a ela que não podia abrir espaço para os sentimentos dela ou para o que ela queria da vida. Eu não conseguia abrir espaço para ela como pessoa. Acho que no fundo os outros não são reais para nós a não ser que estejam sofrendo ou que tenham morrido. É nesse momento que a imaginação começa a funcionar, tentando esclarecer as coisas, entendê-las melhor. Não era possível escrever ficção porque eu ainda não tinha superado os meus sentimentos. Não era possível escrever ficção porque eu ainda não a tinha compreendido ou o que a vida dela significou para ela. Eu era adepto do solipsismo e achava que a raiva, o medo e a tristeza que sentia estavam justificados. Não entendi todas as estranhas simetrias que havia entre nós: o trauma dela, o meu trauma, o estupro dela, o meu estupro, a raiva dela, a minha raiva. Não é que eu tenha passado a amá-la, mas aprendi a conceder a ela a mesma benevolência que os meus amigos me concederam. Essa é uma das coisas bonitas sobre a escrita, a maneira como aprendemos sobre os outros e o que isso revela sobre nós mesmos.

Acho que uma das coisas mais difíceis do ato de escrever é deixar de lado a inteligência seletiva que controla o texto e deixar que outra coisa assuma o seu lugar. Quando você escreve sobre o sofrimento dos outros, particularmente o sofrimento dos mais próximos, precisa se subjugar e deixar-se subordinar a eles. Não pode esperar que eles terminem para poder dizer depressa o quanto concorda e depois acrescentar a própria visão. É estranho que, para compreender o que magoou você, seja preciso confiar que não será ferido de novo quando permitir que ele viva em você.

Sabe o batismo? Quando seguram você e o mergulham na água? É mais ou menos assim. Você precisa confiar que eles vão tirá-lo da água depois do mergulho.

O nome dela é Mary Jean Speigner. Morreu jovem. Trabalhava tanto que os calcanhares eram rachados e cinzentos. Ela mascava tabaco Skoal e o cuspia em latas da cerveja Natural Light. Assistia religiosamente a todas as novelas. Seu peixe favorito era o badejo. Não comia sal. Nem açúcar. Ela fritava o frango até ele ficar estorricado. Verificava o nível de açúcar no sangue pela manhã e à tarde, seu sangue vermelho púrpura nas tiras de teste. Tinha um tremor na mão esquerda. E um nariz atrevido e olhos escuros empapuçados. Sua cor favorita era o verde. Seu programa de TV favorito era *Barrados no baile*. Ela amava o Hugh Grant. Adorava gargalhar. Seu gênero musical favorito era o blues. Tinha uma voz péssima para cantar, mas gostava de cantar mesmo assim. Um homem a estuprou quando era jovem e ninguém a defendeu. Ninguém falou nada. Ela o via todos os dias. Ela bebia todos os dias. Às vezes, não comia porque seu estômago doía tanto que ela sentia vontade de chorar. Mas não chorava. Nunca chorou. Só uma vez. Quando sua irmã a chamou de mentirosa horrorosa quando já eram adultas. Ela foi para casa e chorou na cama durante horas. Ela odiava insetos. Sua voz era estridente. Odiava ser tocada. Odiava que a tratassem como se fosse uma ignorante. Odiava segredos. Nunca contava a verdade. Dançava o tempo todo. Dormia tarde. Ficava acordada até tarde. Tinha dificuldade para dormir. Tinha medo de ouvir os sonhos dos outros. Para ela, ouvir histórias dos sonhos de outras pessoas era como um som agudo. Fazia piada de tudo. Adorava contar histórias. Acreditava em magia. Ninguém a apoiava, então teve que se impor, mas depois de um tempo se cansou dessa vida.

Quem me dera tê-la conhecido melhor.

Acho que teríamos sido grandes amigos.

Gostaria de ter me esforçado mais. Mais cedo.

Mas apenas querer não basta. Nunca bastará.

Mas tenho que parar agora.

Conheci o medo no alto da colina

Por Leslie Jamison

Estamos no verão de 1966, e Sheila e Peter são um jovem casal que vive em Berkeley. Estão muito apaixonados e também muito loucos, pois tomaram ácido pela primeira vez na vida, no Tilden Park, andando em um riacho raso cheio de monstros primordiais, vulgo salamandras. As folhas são esmeraldas. O mundo inteiro é uma ameba. Eles são Adão e Eva e encontraram o caminho de volta para o Jardim do Éden.

Moram num quarto alugado em uma casa comunitária que pertence ao advogado de um traficante de drogas. Um personagem local chamado Wild Bill pintou as paredes do quarto durante uma viagem de ácido: "Ó Senhor, eu poderia estar confinado numa casca de noz e, mesmo assim, me considerar um rei do espaço infinito, não fossem os MAUS SONHOS que tenho". Comem espaguete com pesto de maconha e biscoitos preparados com manteiga de maconha. As drogas os deixam com a sensação de que sua mente está envolta numa pele de coelho. Eles participam de jantares que se transformam em orgias. Eles participam de uma troca de casais com um poeta distinto e sua esposa. Acreditam em libertar o amor da posse, mas seu relacionamento aberto começa a ruir quando Sheila se apaixona por outra pessoa.

Este é mais ou menos o enredo de *The Parting of the Ways* [Caminhos separados], um romance inédito escrito por um homem chamado Peter Bergel, em 1968. É a história de duas pessoas jovens e apaixonadas, problemáticas e frágeis – em última análise, a história de um futuro a dois se dissolvendo. Também é a história da minha mãe.

Minha mãe, antes de se tornar mãe, sempre viveu em minha mente como um conjunto de mitos, meio inventados, praticamente impossíveis. Ler um romance no qual ela é uma personagem tornou literal o que já parecia verdadeiro: os anos de sua juventude pareciam lendários.

O nome da minha mãe não é Sheila. Ela odeia o nome Sheila. Seu nome é Joanne. Ela se apaixonou por Peter, que se chama de fato Peter, quando ela estava no segundo ano da Reed College. Eles se casaram depois que ele se formou, um ano antes dela, e se divorciaram dois anos depois. O tempo que ficaram juntos me interessava, especialmente a fase em que moraram como hippies em Berkeley, tentando fazer o casamento aberto funcionar, porque eu só conhecia minha mãe no contexto dos dias normais da minha infância, ouvindo a NPR no rádio do carro e verificando os assados no forno. Meu melhor amigo disse que nossa geladeira estava sempre cheia de sobras de comida à base de feijão.

O que posso dizer sobre meu relacionamento com a minha mãe? Por muitos anos da minha infância, éramos só nós duas. Fazíamos sanduíches vegetarianos para o jantar. Assistíamos à série *Assassinato por escrito* nas noites de domingo, comendo nossas tigelas de sorvete lado a lado. Tínhamos um ritual no Ano-Novo que envolvia escrever nossos desejos num papel e queimá-lo na chama da vela. Em muitas fotos da minha infância, minha mãe aparece me abraçando, um braço me enlaçando pela barriga e o outro apontando para algo, como se dissesse "olhe para isso", e direcionasse o meu olhar para as belezas simples da vida. Falar do amor dela por mim, ou do meu por ela, seria algo quase tautológico, pois ela sempre definiu minha noção do que é o amor. Da mesma forma que é absurdo dizer que nosso cotidiano era tudo para mim porque ele me representava. Fazia parte de mim. Ainda faz. Não me conheço fora dele.

Quantas vezes liguei para minha mãe chorando e me acalmei só de saber que ela estava do outro lado da linha? Quando ela chegou ao hospital assim que minha filha nasceu e me encontrou sentada naqueles lençóis engomados segurando minha bebê, chorei convulsivamente em seus braços porque, enfim, entendi o quanto ela me amava ao me ver ali, e eu mal conseguia lidar com tamanha bênção em minha vida.

Eu tinha 30 anos quando ela me disse que seu primeiro marido tinha escrito um romance sobre o casamento deles. Fiquei louca de curiosidade. Eu e Peter não nos conhecemos muito bem. Ele era uma figura benevolente e um tanto mítica que morava nas florestas do Oregon e aparecia de vez em quando ao longo da minha infância. Eu sabia que ele mantinha sua renda abaixo da taxação mínima de impostos federais para evitar financiar as guerras da nossa nação. Sabia também que tinha sido preso por bloquear o acesso a usinas nucleares e que me deu um filtro dos sonhos quando eu era pequena.

Mais velha, mantinha perto de mim uma fotografia do casamento deles – uma cena cinematográfica que parecia ter sido pintada com pinceladas largas, num clima de viagem lisérgica, música folk e melancolia – que me emocionava por mostrar que parte do passado de minha mãe estava além da minha compreensão e muito distante da paisagem familiar de nossa vida em comum de passeios de carro e barganhas no café da manhã. Mesmo emocionada por perceber que a juventude dela estava além da minha imaginação, eu queria descobrir aquele momento de minha mãe. Isso explica em parte por que a transformei num mito e a projetei em algo vívido como aquela fotografia, o que me permitia carregá-la como uma joia.

Em minha infância e adolescência, criei uma visão ambígua de minha mãe e Peter como jovem casal a partir das fotografias e dos fragmentos de histórias que ouvia. Minha mãe era uma morena de pernas compridas com olhos castanhos marcados com delineador preto e rosto perfeito, uma daquelas mulheres que causam revolta por serem bonitas sem nenhum esforço. Já Peter era um cara alto, barbudo, com um nariz aristocrático, filho de intelectuais judeus europeus que sempre se identificou como um rebelde, mas encontrou sua turma na faculdade, com quem tocava músicas folk no violão e subvertia as ordens do professor de teatro ao fazer suas próprias mudanças no personagem de engraxador de sapatos com dentes escurecidos. Minha mãe disse que havia algo um tanto primitivo na maneira como se sentia atraída por ele, como se ele fosse o líder de uma tribo.

Quando perguntei a Peter se poderia me enviar uma cópia do livro, ele pareceu animado com a possibilidade, embora existissem poucas cópias disponíveis do original. Aguardei com expectativa a chegada do material, na esperança de que o texto confirmasse minhas mistificações sobre o passado de minha mãe, mas também ansiosa para acrescentar detalhes e particularidades a esse mito.

A cópia chegou dentro de uma pasta roxa, na forma de páginas soltas e desbotadas datilografadas em máquina de escrever. A diagramação estava de trás para a frente da metade em diante, e o processo de revisão à moda antiga mostrava suas marcas nas páginas salpicadas de pequenas correções feitas à mão. Numa cena que envolvia alguns amigos fumando maconha e enfiando os pés em sabão líquido de lavar roupa, uma apóstrofe foi delicadamente riscada.

A sensação era a de estar segurando uma relíquia preciosa, de estar lendo cartas não endereçadas a mim. Li tudo num único dia. O livro permitiu que eu espiasse por cima do ombro de minha mãe enquanto os dias misteriosos, fugidios e irreconhecíveis de sua vida pregressa se desenrolavam na minha frente, começando com a primeira viagem ao Tilden Park. Eu era uma passageira clandestina microscópica escondida em seus ovários, uma pessoa ainda não presente em sua jornada.

Os capítulos iniciais do romance evocam o paraíso: Sheila e Peter dirigem uma picape com pintura psicodélica pela área pantanosa de Emeryville, tomando suco de laranja misturado com ácido. Vão ao Fillmore West, em São Francisco, assistir ao show do Jefferson Airplane com o Grateful Dead, uma banda que ainda nem havia lançado seu primeiro álbum. A Califórnia oferece uma alternativa emocionante à vida que tinham em Portland, onde Peter trabalhava uma fundição de aço inoxidável, cercado por colegas que passavam desengraxante no nariz e comiam rosquinhas açucaradas na sala de descanso. Na Califórnia, a vida deles gira em torno do que Peter chama de "Ética *Cool*", algo inefável, porém inconfundível, representado pela tigela de madeira cheia de maconha no meio da mesa da sala de jantar, por pessoas que chamam as coisas ironicamente de "bizarras" e também por uma linda garota chamada Darlene convencendo o policial a não multá-la por entrar sem autorização numa praia do estado. Mesmo que Peter não entenda exatamente o que é "*cool*", ele entende quando vê algo do tipo. "Posso não saber tocar cítara muito bem neste momento", ele comenta numa festa, "mas sei COM CERTEZA que esse cara sabe o que está fazendo."

O paraíso deles é uma praia de nudismo mais ao sul da costa, onde vão acampar em um fim de semana. O único problema é o homem com uma espingarda protegendo a estrada particular. ("O paraíso lá embaixo e não podemos chegar nele, por causa de um egocêntrico intransponível que não nos deixa descer a porcaria do seu penhasco.") Por sorte, um homem nu parado no meio do caminho desenha um mapa na areia mostrando para eles uma entrada secreta. Eles fazem uma fogueira na praia e passam a noite tropeçando de tanto ácido, perto das algas fosforescentes. Eles encenam um falso funeral pelos "bons velhos tempos", sem perceber que estão vivendo os bons velhos tempos, período que um dia recordarão e que uma filha também pode querer rememorar, como se estivesse olhando por cima dos ombros de seus fantasmas, ávida pela vida que eles um dia viveram.

Tentar escrever sobre a minha mãe é como parar e olhar para o sol. Sinto como se as palavras pudessem macular o que ela me deu, toda a minha vida – este amor. Durante anos hesitei em escrever sobre ela. Relações importantes rendem histórias ruins. Essa expressão gravita naturalmente rumo à dificuldade. A narrativa sobre isso em geral exige atrito e minha mãe e eu vivemos, a cada dia, semana, década, a mais pura cumplicidade. Além disso, não sou idiota. Afinal, quem tem interesse em saber das relações familiares de outra pessoa?

Uma amiga uma vez foi franca e admitiu que era um pouco cansativo me ouvir falar sobre o amor que sentia por minha mãe. O que eu posso fazer? Meu interesse por minha mãe é interminável. Quero amá-la de forma mais plena, amando a mulher que ela um dia foi. Talvez essa busca por histórias anteriores ao meu nascimento seja uma forma de voltar ao útero.

*

O casamento de Sheila e Peter começa a degringolar lá pela metade de *The Parting of the Ways*, quando Sheila se apaixona por um engenheiro chamado Earl. Earl é apresentado como um heterossexual inveterado, que lê o jornalzinho dos ex-alunos de Stanford em uma varanda enquanto todo mundo ao seu redor está muito louco. Mas ele e Sheila têm uma história, na medida em que é possível ter uma história com alguém quando se tem apenas 22 anos. Quando os três vão fazer um mochilão nas Sierras, Peter tenta *não* sentir ciúmes, mas acaba atormentado por imagens de Sheila e Earl juntos: "Meu subconsciente abriu um alçapão para me mostrar um filminho bizarro em 3D feito em cima de meus medos e inseguranças". Apesar de o casamento deles ser aberto, não estava previsto eles se apaixonarem por outras pessoas.

A ruptura causada pelo relacionamento de Sheila com Earl se torna uma fissura que revela descontentamentos mais profundos: ela e Peter não conseguem mais ficar bem juntos, nem chegar a um acordo sobre a vida que desejam ter. Estão falidos e ainda tentando resolver o que fazer a respeito. Será que Peter vai arranjar um emprego? Será que o emprego vai exigir que ele corte os cabelos longos? Os capítulos param de ter títulos como "Consentindo em expandir sua mente" e "O segundo gozo" e passam a se chamar "Aborrecimento". Eles poderiam ter sido os soberanos do espaço infinito, mas não conseguiram escapar dos seus pesadelos.

As tensões chegam ao ápice na casa da mãe de Sheila, que fica fora da cidade. "Mãe Jean" pede que Sheila e Peter a incluam na próxima viagem de ácido. *Será que é a vovó Pat?*, pensei ao ler esse trecho e reconhecer a conversa que ela teve com Peter. Quando ele a avisa que "o ácido não é só um mar de rosas", ela responde: "Nem eu". Ela está pronta para tudo, mas fica decepcionada quando vê em sua primeira alucinação um presunto cozido.

Nessa viagem alucinógena, Peter conversa com Mãe Jean sobre o medo que sente de Sheila terminar o casamento, e a própria Sheila se confronta com o medo quando está atrás da casa da mãe. "O medo e eu tivemos uma conversa no alto da colina", Sheila conta a Peter antes de perguntar a ele explicitamente: "Você acha que conseguiremos ficar juntos?".

Na posição de leitora, acompanhei o desmoronamento do casamento deles com uma sensação de tristeza misturada com alívio egoísta. O casamento deles precisava acabar para eu poder existir.

A epígrafe do livro é daquele famoso poema de Robert Frost, conhecido como um "poeta americano convencional":

Duas estradas se bifurcavam num bosque, e eu...
Eu trilhei a menos percorrida.

Sempre achei que a parte mais comovente desse poema era a pausa criada pela quebra de linha, a repetição do pronome – eu/eu – como se o personagem estivesse tentando se convencer de que este era o caminho certo. Mas há uma ruptura em sua própria voz que trai sua incerteza.

A bifurcação nesta estrada é totalmente assimétrica: Sheila está determinada a colocar um fim no casamento, e Peter está arrasado. O sofrimento dele é lírico e ávido por se expressar. Ele escreve um poema chamado "Situação difícil", cheio de imagens áridas: "A estranha chuva ótica/Não deixa ninguém/Grávida". Ele frequenta as festas da Liga da Liberdade Sexual, onde se pode fazer sexo com estranhos, mas não é muito divertido. Durante a separação, ele acaba tocando violão numa festa uma noite: "Toco na ferida aberta e exponho a dor como uma enguia se contorcendo na ponta de um anzol, se exibindo, se regozijando".

Sheila, por outro lado, é descrita como serena, segura e ávida por independência. Quando ela diz a Peter que quer morar sozinha, ele vê a expressão determinada no "canto de sua boca". Essa rigidez na boca – a determinação, o desejo de autonomia – contrasta com a ferida aberta dele. Li *The Parting of the Ways* sabendo o que os personagens não fariam, sabendo que mesmo divorciados eles continuariam importantes um para o outro por mais de cinquenta anos. O fim do casamento deles foi apenas o início de sua história.

*

Peter demonstrou confiar em mim ao enviar o livro. Não sou apenas filha de sua ex-mulher, e, portanto, uma leitora tendenciosa, sou também escritora, uma espécie de vampira meio tóxica, meio crítica, sempre capaz de alguma deslealdade. Uma pessoa interessada em suas próprias histórias.

Mas não acho que Peter pensa em mim como a "filha da ex-mulher" porque ele não pensa em minha mãe como sua "ex-mulher". Em determinado momento, quando ele me perguntou sobre o que era o ensaio que estava escrevendo, expliquei que queria entender como seu casamento com minha mãe influenciou o restante da vida deles e como a vida dos dois divergiu após o fim da relação. Ele me interrompeu no meio da frase e afirmou: "O relacionamento nunca acabou, eu nunca colocaria as coisas dessa forma".

Foi um alívio ter gostado tanto do romance que ele escreveu. Adorei os detalhes, como ele criou a ambientação daquele verão de uma ternura revigorante, em toda a sua extravagância de delírio: as amigas colocando seus bebês para dormir em gavetas de armários em vez de berços, colegas de quarto que tinham dois ratos de estimação que deixavam excrementos por todo o apartamento, um sujeito que escreveu uma história em quadrinhos sobre um herói cujo superpoder é proporcionar viagens de ácido a qualquer pessoa (mesmo aos membros do júri que podem condená-lo por posse de drogas). Adorei que o livro dava atenção às pequenas coisas, que reconhecia o ácido como pretexto e catalisador de uma atenção desregrada ao mundo comum, à sensação prazerosamente agressiva, por exemplo, de beber um refrigerante Diet Ride: "As bolhas rolam pela minha boca como a maré subindo, e cada uma dessas bolhas tem um pequeno garfo que se crava em minha língua". Amei o senso de deslumbramento do livro, a forma surpreendente de ele se descrever ao ouvir Coltrane – "como se a música fosse uma massa de concreto que endurece conforme é derramada em cima de uma ponte sobre a qual posso andar em linha reta e escapar da minha própria mente" – e também o senso de absurdo, como a sugestão de um personagem para resolver uma infestação séria de piolhos: "Raspe a metade de seus pelos púbicos, jogue querosene na outra metade, coloque fogo e mate os filhos da mãe que tentarem fugir das chamas".

Mas o livro é muito mais do que apenas um gabinete de curiosidades de artefatos contraculturais hippies. No fundo, é uma discussão sincera e atrevida sobre a esperança e o senso de possibilidade que florescem na tentativa de se construir uma vida com alguém, e o desespero de ver essa vida ruir e a pessoa se afastar. Já vi minha mãe passar por um divórcio – de meu pai, quando eu tinha 11 anos –, mas ler sobre o fim de seu primeiro casamento não apenas me obrigou a vê-la como alguém capaz de causar sofrimento, como também me forçou a aceitar que sua experiência de se divorciar de meu pai, por mais que tivéssemos discutido isso, continha camadas de dor que estavam além da minha compreensão e que talvez eu nunca chegue a entender completamente.

De certa forma, ler *The Parting of the Ways* foi o equivalente a ler uma pilha de cartas pessoais, com a mesma carga de emoção transgressora de se bisbilhotar as gavetas dos seus pais quando você está sozinha e doente em casa. Por outro lado, foi como ler uma obra de arte em movimento. O livro é menos parecido com um relatório de autópsia – como este casamento morreu? – e mais próximo de uma tentativa de transformar o rompimento entre duas pessoas na construção de uma história em torno dessa separação que pudesse reconstruí-la. A história permite que a separação se torne uma parte indelével dos dois: as origens do mito de seu relacionamento contínuo.

Depois que terminei de ler o livro, decidi entrevistar Peter e minha mãe sobre o que eles se lembravam do fim do casamento. Estava curiosa para saber se a perspectiva de Peter mudara com o passar do tempo, mas queria acima de tudo ouvir a versão da minha mãe sobre a história. Conversei com Peter por telefone várias vezes, sempre à tarde. ("Não funciono pela manhã", ele explicou, "como sua mãe bem lembra.") Conversei com minha mãe na mesa da minha cozinha, muitas vezes com a minha filhinha dormindo na sala ao lado – minha bomba elétrica de tirar leite ao lado da caneca de chá de minha mãe, sacos de leite materno congelado em cima da mesa – enquanto ela me falava da mulher que ela foi antes de ser minha mãe.

*

Embora o livro de Peter descreva Sheila como estoica em relação ao fim de seu casamento – determinada em sua decisão de ir embora, como demonstra a firmeza explícita no canto de sua boca –, minha mãe conta que os meses após a separação foram os piores de sua vida. Eles se separaram em novembro de 1966 e ela passou o inverno trabalhando numa central de atendimento que abrangia toda a região do Pacífico. Muitas ligações eram feitas por esposas e mães tentando falar com soldados em Saigon ou Da Nang, chorando no telefone. Ela não se lembra de nenhuma ligação sendo completada. Ela começou a fumar e dormia catorze horas por dia. Foi atacada na rua uma noite e quase estuprada. Sua avó lhe enviou uma cópia da programação de seu próprio casamento com uma frase sublinhada: "Até que a morte nos separe".

No verão seguinte, ela voltou para Portland e teve um namoro rápido com o orientador de sua tese universitária – como já tinha quebrado tantos paradigmas na vida, por que não continuar ousando? Relembrando agora, ela percebe o melodrama juvenil nesse sentimento, mas na época parecia claro que ela havia destruído a própria vida.

Se era meio desnorteante imaginar minha mãe como a fonte do sofrimento de Peter, era bem *mais* desconcertante imaginá-la como alguém com uma narrativa exagerada de si mesma. Nunca a vi como alguém propensa ao melodrama, muito pelo contrário, sempre tive experiências dela como uma força que me puxava de volta dos limites mais distantes de meu próprio melodrama. No período após cada separação, era reconfortante e ao mesmo tempo desanimador ouvi-la revelar que aquilo não era o fim do mundo. Agora eu percebo que a sabedoria não era totalmente intuitiva. Era também uma espécie de memória muscular, algo que ela poderia ter tido vontade de dizer àquela mulher que ela fora no passado, aquela que achava que tinha estragado tudo.

Enquanto isso, Peter logo se casou com outra mulher em uma bela cerimônia na praia (minha mãe soube pela minha avó e se sentiu traída por ela ter comparecido) e teve um filho, Shanti. Minha mãe fez uma visita algumas semanas depois do nascimento de Shanti e se lembra de ver os três deitados em cima de um colchão colocado no chão de um apartamento pequeno. Ela se lembra ainda de que foi a primeira vez que sentiu, não apenas de forma abstrata, mas instintiva, o desejo de ter um filho.

Embora minha mãe achasse que Peter vivia exatamente como tinha imaginado, ele se sentia bem diferente. Ele lembra que passou grande parte dos dezoito meses após a separação tentando "reatar" o relacionamento, forçando o limite da amizade que ela havia concordado em manter. Mas não conseguiu, ele me contou. "Existe um limite de quanto você pode se transformar para ser o que a outra pessoa quer que você seja."

Peter escreveu o primeiro rascunho de *The Parting of the Ways* dois anos após o divórcio, como uma forma de aceitar a perda. No início, foi como um exercício terapêutico. Ele estava fazendo terapia, tomando LSD regularmente como uma "substância ritualística" e participando de um grupo nudista (que se reunia para tirar a roupa e mergulhar fundo na vida uns dos outros). Num certo momento, o grupo achou que o crescente envolvimento de Peter no movimento da não violência estava sublimando sua raiva, então fizeram uma experiência – seguraram suas pernas e braços e passaram a sussurrar insultos em seus ouvidos para provocar sua raiva. Ele foi franco comigo: "Fracassei nisso".

Na primeira versão, Peter escreveu em primeira pessoa para que sua autoanálise ficasse explícita e imediata. Resumiu e exagerou determinados fatos para transmitir a intensidade que sentira ao vivê-los, mas tentou acima de tudo se manter fiel aos eventos. Quando pergunto por que escreveu o livro, ele cita Nietzsche: "'Eu fiz isso', diz minha memória. 'Não posso ter feito isso', diz meu orgulho e permanece inflexível. Por fim, a memória desiste". Ele não quer deixar sua memória desistir. Não quer deixar que seu orgulho reescreva a verdade. Ele se lembra de ter dito a si mesmo: "Encare essas coisas com o máximo de honestidade que puder e registre tudo para poder guardá-las". Foi a maneira que ele encontrou de manter minha mãe próxima e ao mesmo tempo abrir mão dela.

No fim, Peter optou pela narrativa em terceira pessoa, na esperança de que um distanciamento maior permitisse que o livro ficasse mais artístico, mas então decidiu que a terceira pessoa parecia uma opção covarde e evasiva e voltou atrás, reescrevendo o livro no meio da floresta de Oregon, a oeste de Salem, onde estava ajudando a criar uma comuna. Ele se sentava na sala comunitária, cercado por crianças e sobras de azulejos triangulares destinados a cobrir uma cúpula elipsoidal inacabada, e tentava incorporar as perspectivas imaginadas em primeira pessoa dos outros personagens, especialmente de minha mãe. Como estava se baseando na experiência dela, sentiu que devia incluir o ponto de vista dela.

Quando perguntei se ele estava preocupado que a raiva desse o tom do retrato da minha mãe, ele repetiu: "Eu não estava zangado, apenas imensamente triste".

O nome Sheila é tão estranho para a minha mãe que ela às vezes acha que foi um ato de agressão da parte de Peter escolher esse nome para ela. Entendo seu ponto de vista: o nome remete a uma pessoa de bem com a vida, brincalhona, lembra uma mulher atrevida de shorts com a bainha desfiada. Mas sua personagem no romance me pareceu bastante reconhecível e visivelmente intimidada – reconhecível talvez *porque* estava intimidada. Como eu, a visão de Peter de minha mãe é distorcida por uma espécie de adoração.

Sheila é responsável, afetiva e muito atenta ao estado de espírito das outras pessoas, sobretudo quando estão chateadas ou precisam ser tiradas de sua introspecção. Mas ela sabe a origem desses estados de espírito. A certa altura, ela deduz corretamente que Peter está *atribuindo* seu mau humor à sua frustração com o "autoritarismo", quando na verdade está irritado por ela não estar mais prestando atenção nele. Este é Peter – como autor, anos depois – reconhecendo que minha mãe às vezes o conhecia melhor do que ele mesmo.

Apesar de todo o lado afetivo, Sheila também é retratada como autossuficiente de maneira desconcertante. Ela está sempre à procura de espaço. É daí que vem a expressão de dureza no canto da boca. De certa forma, sua personalidade é uma fantasia de como eu sempre quis ser: com desejos ardentes e a definição de limites, em vez de tentar eliminá-los ou superá-los. Peter me conta que era isso, em parte, que ele mais amava em minha mãe: o fato de eles terem "muita coisa em comum, mas sem se misturar". Foi isso também que possibilitou que ela o deixasse.

Quando pergunto à minha mãe do que ela se lembra daquele verão cheio de viagens lisérgicas, paixão e intriga, noites longas movidas à maconha e a discos arranhados, ela diz: "Eu me lembro de ir à biblioteca".

Ela fala sobre o Corpo da Paz: ela e Peter tinham sido designados para uma missão de trabalho voluntário na Libéria em setembro daquele ano, e ela queria ler o máximo que pudesse sobre isso antes de viajar. Originalmente, eles viajariam para Bechuanalândia (hoje, Botsuana) no início do verão, mas, como Peter queria ficar um tempo em Berkeley vivendo como hippie, a viagem mudou para a Libéria e foi transferida para setembro. Em agosto, ele disse que não queria ir para a Libéria, então eles não foram a lugar nenhum. Olhando em retrospectiva, minha mãe percebeu que Peter jamais quis de verdade ir para a África. Ele disse que queria ir, ou disse a *si mesmo* que estava disposto a ir, mas queria mesmo era convencê-la a se casar com ele.

Como existem sempre dois lados da mesma história, muitas vezes imaginamos relatos conflitantes do que aconteceu, mas acho que a discordância mais comum é sobre o que faz parte da história.

Para minha mãe, o Peace Corps era uma parte central das memórias daquele verão. Foi a primeira coisa sobre a qual ela quis falar. Peter nem sequer citou o Peace Corps em seu livro. Não era importante. Seu casamento acabou por outra razão.

Além de ir à biblioteca, o que mais a minha mãe se lembra do verão de 1966? Muitas festas. Muita maconha. Muito vinho tinto barato consumido na casa comunitária onde ela e Peter ocupavam uma sala de estar com um canto fechado por uma cortina. "Aquele canto!", ela exclama. Ela com certeza se lembra daquele canto. "Foi para onde eu e Rob fomos na primeira noite em que dormimos juntos, enquanto Peter estava no quarto ao lado do nosso." O Earl do livro na verdade se chamava Rob. Ele, minha mãe e Peter viajaram juntos, testando os limites do casamento aberto. Tomaram ácido no alto das montanhas e escalaram nus as pedras de granito cintilantes sob o sol alpino. Todos tiveram terríveis queimaduras pela exposição ao sol. (No livro, a pele queimada de Earl naquela viagem é descrita como "vermelho da China comunista".)

Minha mãe diz que se sentiu atraída pelo risco de transar com Rob naquele canto, tendo o marido tão perto. Eles tinham um casamento aberto, mas, mesmo assim, havia algo de excitante naquela transgressão. Ao relembrar esses momentos, ela agora entende que estava tentando romper com algo que já estava rompido.

Quando descreve aquela fatídica viagem de ácido na casa da mãe, ela conta que no fim teve um terrível ataque de claustrofobia. "Faz sentido eu ter encontrado o medo na colina", ela comenta. "Eu estava presa naquele lugar, sem conseguir controlar as coisas... Não podia acreditar que aquela viagem ia acabar e que eu ia sair dali."

Alguns meses depois de ler *The Parting of the Ways*, fui a Portland fazer uma palestra na Reed, onde minha mãe e Peter se apaixonaram no início dos anos 1960. Convidei minha mãe a pegar um avião de Los Angeles para me encontrar e perguntei se Peter não aceitava dirigir de Salem até lá para que eu pudesse ouvir pessoalmente a história de como tudo começou, com os dois juntos, tendo o cenário de seu passado em comum como pano de fundo.

É um dia ensolarado no meio do inverno. Peter chega vestindo uma boina de couro e um cardigã cor de aveia fechado com um alfinete de segurança. Quando nos sentamos na cafeteria do campus, ao lado de uma garota com um corte moicano lendo Foucault e de um garoto de cabelo comprido lendo *A Odisseia*, Peter comenta que os alunos lembram as pessoas com quem eles estudaram. Ao caminharmos na direção do dormitório onde minha mãe ficou quando era caloura, passamos por um cartaz que convidava as pessoas a enviarem gravações de seus próprios orgasmos para algo chamado Galeria da Sexualidade. Olhando para a janela da minha mãe no terceiro andar do prédio acadêmico Ladd Hall, Peter fala sobre seu colega de quarto na época de calouro, um muçulmano de Zanzibar que abria seu tapetinho para rezar cinco vezes por dia, e do vizinho de porta que escutou o mesmo disco de Joan Baez sem parar durante semanas. Peter sabia cada nota musical.

Eles me levaram ao centro da cidade, até o Fórum Pioneer, cenário do primeiro protesto que fizeram juntos contra o Comitê de Atividades Antiamericanas. A doce Portland ao nosso redor, cheia de colmeias nos quintais, oficinas de conserto de bicicleta e sorveterias artesanais com sabores como erva-doce e abobrinha, não é a Portland que eles conheceram, que era muito conservadora e provinciana. Peter conta da mulher que amassou um dos panfletos e cuspiu nele e da outra que amaldiçoou minha mãe: "Espero que os seus filhos cresçam para te odiar".

Peter parece assumir um papel protetor ao descrever a mulher que agrediu minha mãe, e ela se lembra de gostar da sua proteção. Uma vez, quando foi ameaçada por um estranho em uma manifestação, ela percebeu os tendões no pescoço de Peter ficarem tensos de raiva porque ele queria bater no cara, mas estava tentando se manter fiel à tese da não violência. Quando minha mãe se lembra de querer impressionar Peter com sua consciência política, ele sorri e se inclina para tocar sua perna – tão terna, tão feliz. Quando ele me fala sobre a primeira vez que viu minha mãe e a achou um "colírio para os olhos", sinto que entramos num modo estranho e simpático de flerte triangulado. É como se Peter ainda estivesse flertando com minha mãe depois de todos esses anos, e de alguma forma é importante que eu seja testemunha.

Minha mãe e Peter me levaram a um terreno baldio na Rua Lambert, onde ficava a primeira casa deles. Foi lá que Peter fazia cerveja artesanal em um tonel grande na cozinha e enterrou três barris sob o assoalho, sendo que um explodiu. Uma noite, eles receberam um casal para jantar e depois da refeição a esposa disse: "Se vocês não se importarem, meu marido vai comer a sobremesa", e daí o cara começou a mamar no peito dela ali mesmo na mesa. Parece piada pronta: como fazer dois aspirantes a hippies se sentirem como dois puritanos?

Minha mãe mostrou o prédio onde tomou os primeiros anticoncepcionais e onde foi recriminada pelo médico por tomá-los. Depois eles me levam até a casa deles na Rua Knapp, onde moraram quando se casaram e tinha uma ameixeira no quintal e uma nogueira na frente. Minha mãe cozinhava lentilhas com ameixas e Peter vasculhava os jornais atrás de cupons de desconto para comprar batata frita a granel. Minha mãe escreveu sua tese sobre *Havelok the Dane* [Havelok, o dinamarquês], um épico medieval, e Peter arranjou um emprego de vendedor de aspirador de pó no sistema porta a porta, depois pediu demissão após ser obrigado a retirar um aparelho de uma mãe solteira com seis filhos que estava atrasada com as prestações. Minha mãe o adorava por essas coisas.

Tanto Peter quanto minha mãe concordam que ela não estava pronta para se casar. "Sua mãe teve de ser convencida", Peter me conta. Ela confirma: "Chegou um momento em que fiquei sem argumentos para dizer não".

Ele atendeu todas as objeções que ela fez – viajar, se alistar no Peace Corps, fazer uma pós-graduação – com uma condição: fazer essas coisas juntos. Era como tentar ganhar um debate numa aula de filosofia, ele explica. "Eu não devia tê-la convencido a fazer isso."

Minha mãe diz que estava muito apaixonada por Peter, mas que não estava pronta para se casar com ninguém. "Quem me dera ter entendido isso na época", diz ela.

Peter descreve o fim de seu casamento como o fim de uma certa ingenuidade juvenil. "Cresci acreditando que podia fazer o que quisesse, e isso foi algo que eu *realmente* queria e não consegui fazer dar certo."

Essa declaração me fez sentir orgulho pelo fato de Peter querer estar com a minha mãe mais do que ela queria estar com ele. Esse orgulho vem do mesmo lugar interno que a ilusão em que acreditei durante grande parte da minha juventude adulta: que é melhor ser alvo do desejo do que aquele que mais deseja. Como se o amor fosse uma competição, ou o desejo fosse algo fixo ou absoluto, como se qualquer uma das posições pudesse evitar ser magoado ou magoar o outro, como se estar no controle pudesse protegê-lo de qualquer coisa.

Não é exagero dizer que o mundo desmoronou depois do divórcio dos dois. O fim da década de 1960 foi palco dos assassinatos de Martin Luther King Jr. e Bobby Kennedy, das manifestações raciais em todo o país, dos cassetetes na Convenção Nacional Democrata de 1968 e da traição à pátria protagonizada por Nixon – tudo isso tendo como pano de fundo o implacável banho de sangue na Guerra do Vietnã.

Nesse cenário, e *por causa* de tudo isso, Peter decidiu se engajar no treinamento da resistência não violenta. Ele fundou uma comunidade na floresta de Oregon, que foi concebida para ser o lugar em que os ativistas urbanos podiam ficar durante alguns meses para relaxar depois de ações importantes.

Depois que minha mãe saiu da depressão, ela conheceu Lucy, seu segundo namoro sério, e viajou para Londres para acompanhar a gravidez de minha tia, que estava com 19 anos. Depois, minha mãe e Lucy foram trabalhar nas colheitas no sul da França e chegaram a organizar uma greve entre os companheiros apanhadores de azeitonas para protestar contra as longas jornadas de trabalho no frio. De volta aos Estados Unidos, depois do fim do namoro, minha mãe se apaixonou por um jovem professor de economia da Universidade Stanford, meu pai. Eles foram morar numa casa no campus e, no período de dois anos, tiveram dois filhos – meus irmãos mais velhos.

Duas estradas se bifurcavam em uma floresta: uma levava a uma comunidade; e a outra, a uma moradia para professores e funcionários.

Minha mãe se casou três vezes. Depois de Peter, seu casamento com o meu pai durou vinte e três anos e terminou quando eu tinha 11 anos. Ele era animado, bem-sucedido e, como ela sempre me dizia, "nunca monótono". Ele era também cronicamente infiel e viajava com frequência. Depois que saí de casa para ir para a faculdade, ela conheceu Walter, um vendedor de ketchup aposentado, no grupo de trabalho por justiça social da Igreja Episcopal. Eles se tornaram avós juntos e participaram de passeatas para protestar contra a segunda guerra no Iraque. As histórias que contei a mim mesma sobre esses três casamentos, em última análise, se resumem a três arquétipos masculinos principais: o jovem idealista sonhador e impetuoso; o companheiro de alma inquieto, fascinante e difícil; e o parceiro estável para sossegar depois que todo o drama chegou ao fim. Eu me agarrei a essa depuração.

Talvez não seja nenhuma surpresa que parte do que achei fascinante em *The Parting of the Ways* seja o retrato de Peter como um personagem que navega por vários arquétipos de masculinidade – o homem "hétero", o cara legal, o amante, o protetor, o provedor, o ativista –, tentando encontrar seu lugar entre eles. Ele constrói seu personagem com uma consciência afetuosa de suas próprias dificuldades e contradições: ele é o cara que fica chapado em um jantar e finge ser o rei Arthur ao puxar a faca de um pedaço de manteiga, mas é também o cara que sussurra para dois estranhos que compartilham uma agulha com metanfetamina: "Vocês nunca ouviram falar de hepatite?". Ao mesmo tempo que Peter, o personagem, faz longos e tortuosos monólogos sobre a busca da autodescoberta, Peter, o autor, se diverte com suas pretensões – inventando outro personagem que, a certa altura, cochila durante um de seus discursos. Mas a obsessão de Peter por manter a serenidade e seu questionamento dessa mesma obsessão são realmente manifestações de um interesse mais profundo e universal: a fantasia do Eu autêntico, sem restrições de conduta, totalmente livre.

Minha mãe se lembra da frustração que sentiu por Peter não querer cursar uma pós-graduação. Lembra ainda que disse que achava que ele não tinha determinação suficiente para encarar o curso. "É claro que ele tinha. É injusto fazer isso com uma pessoa, atacar dessa forma. Foi uma demonstração da minha insatisfação por ele não estar usando seus talentos para viver da forma que eu queria."

É assustador ouvir minha mãe falar sobre sua decepção com o fato de Peter não se mostrar à altura das ambições que ela projetou nele porque isso me lembra de todas as vezes que projetei as minhas ambições sobre meus parceiros ao longo dos anos. Foi menos uma extensão do ego do que o desejo de viver em estado de encantamento – de me sentir inspirada e de certa forma superada –, mas pode também parecer insensibilidade ou distanciamento. Ao ouvir minha mãe dar a sua própria versão dos fatos, senti que não estava sozinha.

Minha mãe diz que espera que Peter não se lembre da conversa difícil que eles tiveram sobre a pós-graduação. Relembro-a de que o livro apresenta a versão dele. Mas, enquanto minha mãe lamenta principalmente a crueldade de seus comentários, na versão de Peter a conversa é mais focada em sua resposta irritada: "Minha voz não está alta, mas há tanta violência nela que Sheila fica atordoada por um segundo. Faço uma pausa que dura vários batimentos cardíacos, saboreando o dramaticidade da situação e a sensação de poder". Tanto Peter quanto minha mãe se lembram de terem magoado um ao outro.

Quando minha mãe fala sobre a revelação que teve durante uma de suas viagens lisérgicas naquele verão – a compreensão de que seu pai nunca seria um engenheiro mundialmente famoso e que seu desproporcional senso de importância não correspondia à sua posição no mundo –, não pude deixar de pensar que seus sentimentos em relação ao pai influenciaram tanto seu desejo de que Peter buscasse o sucesso internacional quanto seu futuro casamento com meu pai, da mesma forma que os meus sentimentos em relação a meu pai influenciaram minhas pretensões e a forma pela qual procuro meus objetivos em meus parceiros, ou os projeto neles.

Peter nunca fez uma pós-graduação. "A comunidade foi a minha escola de pós-graduação", ele afirma. Lá, ele aprendeu a cuidar de tudo o que precisava ser cuidado. Num determinado momento, quando estavam precisando desesperadamente de dinheiro, um fazendeiro vizinho ofereceu um salário para Peter ajudá-lo no abate de galinhas. Havia milhares delas. No início, Peter achou que seguraria com carinho cada galinha, que as trataria com dignidade e compaixão. Mas, no fim, ele começou a tratá-las mais como arruaceiras. Ali ele entendeu como os agentes penitenciários devem se sentir. Por mais que tentemos combater as estruturas em que nos encontramos, somos influenciados por elas. A certa altura, no meio de todo aquele cocoricó, ele começou a ouvir os animais o chamando pelo nome.

Minha mãe e Peter finalmente voltaram a se encontrar quando estavam com quase 30 anos. Ele foi visitá-la em Stanford, no caminho de uma visita aos pais no sul da Califórnia. Não foi um encontro feliz, pelo que minha mãe lembra. Peter deixou claro que, na opinião dele, ela havia traído todos os valores que eles tinham na juventude. Virar *professora de administração*? Quando pergunto se Peter foi explícito em sua crítica ou se ela apenas inferiu isso, ela respondeu: "Ele deixou isso bem claro". Ele a criticou até por ela ter uma máquina de lavar louça na cozinha. O que poderia ser mais burguês?

Ao me contar isso, lembro que o livro de Peter sempre mostra Sheila na cozinha da casa comunitária, preparando uma carne assada, ou uma sobremesa de gelatina ou doces em barras. Mesmo durante a fase de amor livre, *alguém* era responsável pela comida e tinha que lavar os pratos. Agora ela desfrutava de uma máquina de lavar louça. Sinto-me na obrigação de defendê-la.

Quando pergunto se ela se sentiu incompreendida por Peter, ela nega. "Não me senti mal compreendida, apenas magoada. Naquela época, eu não tinha um plano para lidar com tudo o que aconteceria depois."

Não que ela invejasse a vida de Peter na comunidade. Na verdade, ele tinha o hábito de dizer às pessoas o que fazer, e como fazer as coisas, e ela podia imaginar que seria um pouco cansativo viver numa comunidade criada por ele. Mas pelo menos a vida dele tinha uma certa lucidez, uma inequívoca urgência moral. Talvez o espectro das vidas não vividas – a vida com Peter, ou a vida dele sem ela – ganhasse mais força porque sua própria vida ainda não tinha tanta clareza. Talvez eu projete uma falsa confiança em minha mãe em sua juventude porque, para mim, é desconfortável imaginá-la como uma mulher sem convicção. Para mim, ela sempre foi a fonte de amor incontestável, a definição da dedicação, a ausência de incertezas.

Que lembrança Peter tem daquela visita aos meus pais em Palo Alto? A princípio, ele basicamente repete os sentimentos da minha mãe. Foi constrangedor. Ele não gostava do meu pai, mas tinha dúvida se a bronca era realmente com ele ou se tinha a ver com o fato de ele ter se casado com a minha mãe. Mas, quando perguntei se ele se lembrava de fazer críticas à minha mãe, se achava de fato que ela havia traído os ideais compartilhados por eles na juventude, ele fez uma longa pausa antes de responder: "Ok, ela fez uma coisa muito estranha naquela ocasião. Nós nunca conversamos sobre isso e a coisa ainda me deixa confuso".

Ele conta que ela apareceu vestindo um *négligé*, uma espécie de robe de tecido transparente, ao apresentar seu novo marido. Peter não entendeu o que ela estava tentando lhe dizer. Durante anos, ele teria feito de tudo para vê-la naquele *négligé*. Durante anos, ele esperou por um sinal de que talvez houvesse esperança entre eles. Mas naquela ocasião ele não sabia o que fazer. Minha mãe não se lembra de ter usado aquele *négligé*. Muito menos de tentar enviar sinais de qualquer tipo, embora também seja verdade que nem sempre nos lembramos dos sinais que enviamos, ou sequer temos consciência de tentar enviá-los no momento.

"Se achei que ela estava se oferecendo?", ele pergunta. "Um pouquinho."

Ele olhou para o novo marido dela, meu pai, e pensou: *Ele é um professor de Stanford, tem dois doutorados, é bonito*. Na verdade, meu pai só tinha um doutorado, mas faz sentido que Peter tenha exagerado sua posição em sua memória. Peter ficou com a sensação de que minha mãe estava dizendo: "Veja como estou muito melhor agora, subi na vida". Peter pensou: *O que eu tenho que ele não tem?* A resposta foi convicção: fidelidade ao conjunto de valores que ele e minha mãe tinham em comum.

Embora Peter e minha mãe tenham continuado fiéis aos ideais que os uniram, o comprometimento de Peter significava trabalhar fora das instituições, ou contra elas, enquanto minha mãe fazia parte delas: na academia, na organização sem fins lucrativos, na igreja. Peter passou os últimos cinquenta anos como um ativista da não violência e um manifestante contra os impostos, tocando violão na banda de sátira política chamada Dr. Atomic's Medicine Show. Seu filho, Shanti, o bebê que minha mãe viu no colchão e que foi criado na comunidade, se tornou um executivo do mundo corporativo.

Ao longo desses cinquenta anos, minha mãe não só se casou com um professor de economia, mas se tornou ela mesma professora de saúde pública, e criou três filhos enquanto fazia o trabalho de campo de seu doutorado sobre desnutrição infantil em zonas rurais no Brasil, levando consigo os dois filhos pequenos para as aldeias onde se dedicava a pesar bebês desnutridos em balanças improvisadas com redes e passando décadas pesquisando saúde materna na África Ocidental. A versão dela da aposentadoria incluiu se tornar diaconisa episcopal e administrar os programas de nutrição pós-escolar para crianças de comunidades de baixa renda por meio da igreja.

A vida dos dois pode fazer a gente se sentir exausto e um pouquinho culpado, perguntando-se coisas como: *O que fiz para salvar o mundo hoje*? Ambos foram presos muitas vezes em manifestações contra a guerra, diferenças salariais e poder nuclear, mas minha mãe tem feito isso com as vestes clericais e, em geral, encontra mensagens de texto de sua filha esperando em seu telefone quando volta da cadeia.

Depois de cinquenta anos, a intimidade dos dois possui muito atrito, ruptura e juventude. A intimidade após o divórcio pode não ser fácil, mas é profunda por conta do passado em comum. Tem a ver com conhecer a pessoa e saber como ela mudou e incorporar todas essas versões antigas dentro de si. Peter me disse mais de uma vez: "Apesar de todos os meus outros relacionamentos, numa deixei de amar sua mãe".

Em Portland, depois de visitarmos a Rua Knapp, fomos a um protesto no Corpo de Engenheiros do Exército. Peter carrega duas bandeiras: uma com o símbolo da paz e a outra com um desenho da Terra. Estamos em fevereiro, no final do protesto de Standing Rock contra um oleoduto cujo projeto passa por baixo do rio Missouri, perto de terras indígenas sagradas. A essa altura, a maior parte dos defensores da água já foi embora e o restante se dispersará até o final do mês, pois o Corpo de Engenheiros do Exército autorizou a construção do oleoduto. Essa era a razão do protesto.

A questão é que a sede do Corpo de Engenheiros do Exército fica em um edifício comercial atrás de um shopping center, do outro lado de um pequeno acampamento de pessoas sem-teto. Mas não há nenhuma manifestação à vista, nem no estacionamento do lado de fora do prédio do escritório, nem no saguão. Vemos um único segurança atrás de uma mesa, que nos pergunta educadamente: "Posso ajudá-los?".

Fico constrangida. Parece não fazer sentido. Peter pergunta ao segurança onde é o Corpo de Engenheiros do Exército. Ele nos encaminha para o quarto andar.

Parte de mim espera encontrar um protesto muito pequeno, mas não há protesto algum – *nós somos* o pequeno protesto no quarto andar. Há somente uma recepcionista simpática atrás de uma mesa. Quando o outro elevador se abre, vemos o segurança do saguão.

– Decidi vir atrás porque vocês me pareceram meio confusos – ele explicou.

– *Estamos* confusos – Peter respondeu, avisando que também tinha uma mensagem para o Corpo de Engenheiros do Exército.

Por minha vontade, já estaria na porta da rua, provavelmente aliviada pelo fato de que o protesto não estava acontecendo e que poderíamos passar as próximas horas conversando, quem sabe em um bom café. Mas Peter diz à recepcionista: "Gostaríamos de falar com alguém sobre o que está acontecendo em Standing Rock".

Ela pede que esperemos e desaparece num labirinto de cubículos. Alguns momentos depois, para minha grande surpresa, um coronel fardado aparece na recepção e nos convida a entrar. Ele acredita que é um blefe e está pagando para ver. Mas este é o problema: Peter não está blefando. É assim que ele age: sem constrangimento e com muita persistência.

O coronel nos leva até uma sala de reuniões envidraçada, onde assume a cabeceira de uma enorme mesa oval. Peter se senta ao lado dele, apoiando as duas bandeiras, a da paz e a da Terra, no assento giratório da cadeira de couro ao seu lado, como se elas fossem crianças obedientes. Depois, a internet me mostra que esse coronel serviu no Iraque e no Afeganistão. De perto, sua farda impressiona, com os vincos bem marcados e imponentes no tecido grosso do uniforme.

Um militar bem mais jovem, vestindo um colete de lã verde, se junta a nós.

– Este é Jason, um de nossos advogados – avisa o coronel, e Jason nos cumprimenta com um sorriso tímido.

Peter inicia um relato articulado, apaixonado e incrivelmente específico sobre o que o preocupa no oleoduto que está sendo construído perto da reserva de Standing Rock. Quando Jason dá uma resposta técnica, o coronel o interrompe.

– Siglas demais, parece uma sopa de letrinhas – ele desabafa.

Em seguida, o coronel pega um pedaço de papel em branco e começa a desenhar um mapa: o rio Missouri, a "servidão existente", as terras indígenas de Standing Rock. Não é como se o Corpo de Engenheiros do Exército estivesse *construindo* o oleoduto, ele explica. Eles apenas autorizaram a obra. Minha mãe comenta sobre a ordem emitida pelo presidente Obama, que foi anulada. Peter complementa a fala dela. Ele parece conhecer todas as ordens judiciais já emitidas. Eu permaneço em silêncio. Estou impressionada com o preparo de Peter e de minha mãe, e aliviada por isso. Estava esperando um protesto normal, onde eu poderia repetir palavras de ordem em relativa ignorância, autossatisfação e anonimato, mas isso é outra coisa: uma espécie de teste-surpresa. O que sei realmente sobre Standing Rock? Não o suficiente para conversar com um coronel por uma hora.

À medida que a conversa avança, é nítido que o advogado e o coronel têm origens diferentes: enquanto o coronel é um oficial fiel à instituição, que cumpre as ordens sem contestação, Jason demonstra estar bastante incomodado. Ele entrou para a faculdade para estudar os direitos dos povos originários. Talvez esteja trabalhando aqui para poder reformar o sistema de dentro para fora. Ou, pelo menos, essa é a história que inventei para ele na minha cabeça. Agora ele está sentado num escritório corporativo, usando um colete verde e defendendo um oleoduto que atravessa terras indígenas. Ele parece estar aborrecido. Já a postura do coronel parece algo como: "O que você quer que eu faça sobre isso?". Ele parece se exasperar com nossas perguntas sobre "a terra deles". A certa altura, ele levanta a voz:

– Estamos todos na terra deles, tudo é terra deles!

Diante disso, Peter e eu nos entreolhamos: *Exato*.

O coronel alega que o Corpo de Engenheiros do Exército fez "mais" do que apenas consultar o povo indígena. Eles fizeram uma auditoria. É nesse momento que eu, enfim, tomo coragem para dizer alguma coisa.

– Bem, o povo indígena da região parece discordar.

Peter entra na conversa:

– Com mais outros trezentos povos indígenas!

Jason continua e leva a conversa para o Tratado Sioux de 1868 e ao precedente que ele estabeleceu.

– Vocês podem achar o que quiserem do Tratado de 1868 – ele disse, – assim como eu posso ter a opinião que quiser sobre o Tratado de 1868...

Eu o interrompi:

– Qual é a sua opinião sobre o Tratado de 1868?

Ele responde:

– Foi uma tragédia.

Alguns segundos em silêncio se passam. Todos acreditamos nisso. Continuo esperando que Jason e o coronel verifiquem seus relógios. O coronel repete que eles aderiram a todas as leis.

– Não acho que vocês estão infringindo alguma lei – esclareço. – Acho que as leis são falhas.

Assim que falei isso, a frase pareceu presunçosa e hipócrita, como se eu estivesse plagiando um documentário sobre o ativismo dos anos 1960, mas, quando Peter diz "Sim!", eu fico vermelha com o reconhecimento. Estou satisfeita por ter impressionado um ativista radical como ele, mas tenho consciência de estar agindo como minha mãe e replicando os desejos dela de anos atrás: ser boa o suficiente para ele.

Depois de tudo ser dito, ficamos reunidos com Jason e o coronel por quase uma hora e meia na sala de reuniões envidraçada, no "território deles". Passei a maior parte do tempo sem entender por que ainda não tínhamos sido escoltados educadamente até a porta. Será que é uma ação de relações públicas? Será que é atitude comum em Portland? Será que eles não têm trabalho para fazer?

Um pouco antes de irmos embora, Peter pede que os dois homens reflitam e pensem no que acreditam ser o certo a se fazer nessa situação. Pode parecer ridículo, mas uma voz dentro de mim também diz: Amém!

Quando saímos do escritório, escuto minha mãe convidando Jason para a minha palestra naquela noite. As mães são incorrigíveis, mesmo no escritório do Corpo de Engenheiros do Exército.

Ao chegarmos ao estacionamento, já estou fantasiando sobre como essa conversa pode mudar todo o curso da carreira de Jason. Ao entrarmos no carro, minha mãe confessa que está tendo exatamente a mesma fantasia: daqui a cinco anos, ele vai olhar para trás e entender como esse dia mudou sua vida. Nossos egos são parecidos. Mais uma vez procuro os limites entre nós, tento não esquecer que eles estão lá, mas há uma espécie de prazer amniótico em ter dificuldade para localizar esses limites, em sentir essa simetria, essa união. Como é mesmo que Peter definiu isso? *Tanta coisa em comum, mas sem se misturar*. Às vezes é bom se fundir e poder dizer de forma irracional, febril, teimosa – *Sou a minha mãe, e ela sou eu*.

Jason e o coronel devem ter presumido que éramos uma família: dois ex-hippies exagerados com mais de 70 anos e sua filha também exagerada. Hoje, de um jeito curioso, somos a manifestação de uma realidade alternativa, a estrada não percorrida, em que Peter e minha mãe tiveram uma filha juntos e a levaram com eles – três décadas depois – para continuar protestando pelo mundo.

Sempre que identifico diferenças entre mim e minha mãe, eu as imagino como dualidades autopunitivas: ela estudava crianças desnutridas, eu tenho um distúrbio alimentar. Ela saiu do casamento com coragem estoica, meu ex-namorado uma vez me chamou de "magoada". Enquanto estou preocupada com a minha própria dor, ela está preocupada com a dor dos outros. Ou talvez ela não esteja preocupada com a dor, mas com as estratégias de subsistência e sobrevivência.

Durante anos suspeitei, embora nunca tenha assumido isso de maneira explícita para mim mesma, que tinha duas escolhas: me identificar totalmente com a minha mãe ou de alguma forma frustrá-la. Quando leio *The Parting of the Ways*, percebo que ou estou me projetando em sua personalidade ou me envergonhando com as nossas diferenças: seu estoicismo, minha mágoa; sua disponibilidade, meu egocentrismo. Ela estava infeliz em seu relacionamento porque queria se apresentar para a missão do Peace Corps. Eu estava infeliz em meu último relacionamento porque queria mensagens de texto mais frequentes. Eu me identificava mais com a tortuosa dor de Peter do que com a expressão de determinação revelada pela boca contraída dela.

Também é verdade que fui eu que terminei quase todos os relacionamentos em que já estive – muitas vezes, mas nem sempre, porque senti certa claustrofobia, o que não significa que meu passado seja doentio, mas sugere que talvez eu compartilhe o apego de minha mãe a distâncias e limites mais do que admito, que sua ânsia por independência não me é tão estranha.

Quando disse a Peter que este ensaio seria sobre a relação em evolução dele com minha mãe, estava falando a verdade. Mas não toda a verdade. Porque o ensaio também aborda a evolução do *meu* relacionamento com a minha mãe, como se alguma parte de mim quisesse humanizar seu mito. Ele também mostra como descobri, no relato que Peter fez dela, o olhar de outro alguém impregnado de adoração e a interrupção dessa adoração, com a admissão de seu eu real, cheio de nuances.

Não pedi que o livro de Peter desfizesse as histórias que contei a mim mesma sobre mim e minha mãe, mas ele fez assim mesmo, o que me permitiu ver que sempre fomos mais complicadas que as dualidades que construí para habitarmos e onde somos idênticas ou opostas. Nós nos acostumamos com as histórias que contamos sobre nós mesmas. É por isso que de vez em quando precisamos nos descobrir nos relatos dos outros.

Naquela noite em Portland, na capela do andar de cima do campus da faculdade onde minha mãe e Peter uma vez assistiram à palestra para calouros sobre ciências humanas, li um ensaio sobre a gigantesca passeata de mulheres que aconteceu após a posse de Donald Trump. Era um ensaio sobre o ato de protestar e por que ele ainda era importante mesmo – ou especialmente – porque o presidente parecia ameaçar cada um dos valores pelos quais minha mãe e Peter passaram as últimas cinco décadas lutando.

O advogado Jason não foi à minha palestra, mas minha mãe e Peter se sentaram juntos nos bancos da frente, assim como fizeram anos antes. Tive a sensação de estar falando para as pessoas que um dia eles foram, quando protestavam no Fórum Pioneer, o tribunal do centro de Portland, e aquela mulher disse à minha mãe que esperava que seus filhos a odiassem e, depois, quando Peter visitou minha mãe em Palo Alto anos mais tarde e ela ficou chateada por tê-lo decepcionado. Aquela leitura foi uma forma de dizer a ela: "Você não decepcionou ninguém. Seus filhos crescerão e continuarão a amá-la". Foi como se eu estivesse tentando projetar minha admiração através do tempo para confortar a mulher que minha mãe foi, aquela mulher que sentia ter de alguma forma decepcionado o homem que a amou pela primeira vez – aquela mulher que não sabia, que não tinha como saber, a estrada que iria percorrer logo à frente.

Agradecimentos

Agradeço a todos os quatorze escritores apresentados neste livro por compartilharem histórias tão pessoais e sinceras de suas vidas.

Uma antologia é um projeto colaborativo, e eu não poderia ter editado este livro sem a orientação de Karyn Marcus, minha brilhante editora, e Melissa Flashman, minha incrível agente. Agradeço a Taylor Larsen, por me "trancar" na sala de jantar de seus pais para que eu pudesse concluir o ensaio que inspirou este livro, e a Lauren LeBlanc, pelo trabalho de edição e pelo feedback criterioso. Obrigada, Sari Botton, por acreditar em mim e publicar meu ensaio no Longreads.

Agradeço a toda a equipe da Simon & Schuster, incluindo Molly Gregory, Kayley Hoffman, Madeline Schmitz, Elise Ringo e Max Meltzer.

Seria uma indelicadeza se eu não agradecesse a todos os que me ajudaram a escrever meu ensaio, ou me estimularam a fazê-lo, entre eles, Kelly McMasters, Margot Kahn, Tobias Carroll, Jo Ann Beard e a equipe de Jo Ann Beard no workshop de verão da Tin House, além de Jennifer Pastiloff, Lidia Yuknavitch, Caroline Leavitt, Porochista Khakpour, Tom Holbrook, Julia Fierro, Julie Buntin, Brian Chait e Bethanne Patrick.

Agradeço aos editores de outras antologias por seus conselhos: Jennifer Baker, Brian Gresko, Sari Botton e Lilly Dancyger.

Agradeço à minha família, incluindo meus irmãos: Jennifer, Colin e Emma. Obrigada, Michael Filgate e Nancy. Obrigada, Leesa.

Dedico este livro às minhas avós. Nana e Mimo são as mulheres mais fortes que conheço.

Agradeço à Melissa Wacks pelas esclarecedoras orientações ao longo de todo o processo de trabalho neste livro.

Por último, mas não menos importante: obrigada, Sean Fitzroy, por me fazer rir e ser um ser humano tão maravilhoso. Amo você.

Sobre os autores e as autoras

Alexander Chee é autor de best-sellers, entre os quais *Edinburgh*, *The Queen of the Night* [A rainha da noite] e da coletânea de ensaios *How to Write an Autobiographical Novel* [Como escrever um romance autobiográfico]. Ele ganhou o prêmio Whiting e bolsas de estudo da NEA e da MCCA, e seus ensaios e histórias foram publicados nas revistas *The New York Times Magazine*, *The Yale Review*, *T* e *Tin House*. Ele ministra aulas de escrita criativa no Dartmouth College.

André Aciman é um renomado professor de Literatura Comparada na Universidade da Cidade de Nova York (CUNY). Ele é o autor de *Out of Egypt: A Memoir* [No Egito: uma memória], *False Papers: Essays on Exile and Memory* [Estudos falsos: Ensaios sobre exílio e memória], *Alibis: Essays on Elsewhere* [Álibis: Ensaios em outro lugar] e quatro romances: *Me chame pelo seu nome, Eight White Nights* [Oito noites brancas], *Harvard Square* [Praça Harvard] e *Variações enigma.* Atualmente, ele está escrevendo um romance e uma coletânea de ensaios. O livro *Me chame pelo seu nome* foi adaptado para o cinema e ganhou, em 2018, o Oscar de Melhor Roteiro Adaptado.

Bernice L. McFadden é autora de nove livros aclamados pela crítica, incluindo *Sugar* [Açúcar], *Loving Donovan* [Adorável Donovan], *Nowhere Is a Place* [Lugar nenhum é um lugar], *The Warmest*

December [O dezembro mais quente], *Gathering of Waters* [Junção das águas] (romance que está nas listas de Escolhas do Editor e dos 100 Livros Mais Incríveis de 2012, do jornal *The New York Times*), *Glorious* [Gloriosa] e *The Book of Harlan* [O livro de Harlan] (vencedor do American Book Award 2017 e do NAACP Image Award pelo trabalho literário excepcional na categoria ficção). Foi quatro vezes finalista do prêmio Hurston/Wright Legacy, três vezes vencedora do prêmio Black Caucus, da Associação de Bibliotecas Americanas (BCALA). Seu livro mais recente é *Praise Song for the Butterflies* [Canção para as Borboletas].

Brandon Taylor é aluno do workshop de ficção Iowa Writers. Seu livro de estreia, *Mundo Real*, foi finalista do Booker Prize 2020.

Carmen Maria Machado teve seu conto de estreia publicado na coletânea *Her Body and Other Parties* [Seu corpo e outras partes] e foi finalista dos prêmios National Book, Kirkus Prize, Art Seidenbaum para Ficção de Estreia, World Fantasy, International Dylan Thomas Prize e PEN/Robert W. Bingham para Ficção de Estreia, além de vencedor dos prêmios Bard Fiction, Lambda na categoria Ficção Lésbica, o da Biblioteca Pública do Brooklyn, Shirley Jackson e John Leonard National Book Critics Circle. Em 2018, o jornal *The New York Times* incluiu *Her Body and Other Parties* [Seu corpo e outras partes] na lista de "A nova vanguarda", um dos "Quinze livros notáveis de mulheres que estão influenciando a forma que lemos e escrevemos ficção no século XXI". Ensaios, obras de ficção e críticas foram publicadas nas revistas *The New Yorker, The New York Times, Granta, Harper's Bazaar, Tin House, Virginia Quarterly Review, Timothy McSweeney's Quarterly Concern, The Believer, Guernica, Best American Science Fiction and Fantasy, Best American Nonrequired Reading*, entre outras. Ela é escritora residente na Universidade da Pensilvânia e mora na Filadélfia com a esposa.

Cathi Hanauer é autora presente na lista de best-sellers do *New York Times* com três romances: *Gone* [Perdido], *Sweet Ruin* [Doce perdição] e *My Sister's Bones* [Os ossos de minha irmã], além de duas antologias, *The Bitch in the House* [A megera está na área] e *The Bitch Is Back* [A megera está de volta], que foi eleito Melhor Livro de 2016 pela NPR. Ela escreve artigos, ensaios e críticas para os veículos *The New York Times, Elle, O, The Oprah Magazine, Real Simple*, entre outros. É cofundadora, junto com o marido, Daniel Jones, da coluna Modern Love, do *New York Times*. Mais informações, no site www.cathihanauer.com.

Dylan Landis é autora da coletânea de contos *Normal People Don't Live Like This* [Gente normal não vive assim] e de um romance, *Rainey Royal*. Seus contos foram publicados no O. Henry Prize Stories e na série Best American Nonrequired Reading, e seus ensaios no *New York Times Book Review* e na revista *Harper's*. Ela recebeu uma bolsa de estudos de ficção do National Endowment for the Arts.

Julianna Baggott é autora de mais de vinte livros, publicados com seu nome e também com pseudônimos. Os mais recentes, *Puros* (vencedor do prêmio ALA Alex) e *Harriet Wolf's Seventh Books of Wonders* [Os sete livros de milagres de Harriet Wolf], foram escolhidos pelo *New York Times* para a lista de livros mais marcantes do ano. Ela lançou quatro coletâneas de poesia e seus ensaios foram publicados nos jornais *The Washington Post, The Boston Globe*, na coluna Modern Love do *New York Times*, no programa de rádio *Talk of the Nation*, da estação NPR, na coluna digital All Things Considered e no portal Here and Now. Ela dá aulas de roteiro na Faculdade de Cinema da Universidade Estadual da Flórida e mora atualmente em Delaware.

Kiese Laymon é autor de *Pesado* e *Long Division* [Divisão longa]. Ele também dá aulas de inglês e escrita criativa na Universidade do Mississippi.

Leslie Jamison é autora de best-sellers presentes na lista do *New York Times*, entre os quais *A Reabilitação*, *Exames de empatia* e *Deixe que* *grite, deixe que queime*, que foi finalista do prêmio literário do Art Seidenbaum na categoria Ficção de Estreia. Ela é escritora colaboradora das revistas *The New York Times Magazine*, *Harper's Bazaar*, *The Atlantic*, *Oxford American* e *Virginia Quarterly Review*, onde é a editora-geral. Ela dirige o programa de não ficção da pós-graduação da Universidade Columbia e mora no Brooklyn com a família.

Lynn Steger Strong é autora do romance *Hold Still* [Fique parada]. Seus textos de não ficção foram publicados nas revistas *Guernica, Los Angeles Review of Books, Elle* e *Catapult*, entre outros veículos. Ela dá aulas de escrita nas Universidades Columbia e Fairfield e no Instituto Pratt.

Melissa Febos é autora do livro de memórias *Whip Smart: The True Story of a Secret Life* [Espertinha: a verdadeira história de uma vida em segredo] e da coletânea de ensaios *Abandon Me* [Me abandone], finalista dos prêmios literários Lambda, Publishing Triangle e Indie Next Pick, e indicada a Melhor Livro de 2017. Febos foi a primeira vencedora do prêmio Jeanne Córdova na categoria Não Ficção Lésbica/Queer do prêmio Lambda e vencedora do prêmio Sarah Verdone, do conselho cultural de Lower Manhattan em 2017. Ela também ganhou bolsas de estudo do MacDowell Colony, da conferência de escritores Bread Loaf, do Virginia Center for the Creative Arts, do Vermont Studio Center, do fundo Barbara Deming Memorial, do Instituto BAU e da Ragdale. Seus ensaios foram publicados nas revistas *Tin House*, *Granta*, *The Believer*, e no jornal *The New York Times*. Ela mora no Brooklyn.

Michele Filgate já teve seus trabalhos publicados no portal digital Longreads, nos jornais e revistas *The Washington Post, The Los Angeles Times, The Boston Globe, The Paris Review Daily, Tin House, Gulf Coast, O, The Oprah Magazine, BuzzFeed, Refinery29*, entre outros veículos. Atualmente ela está cursando mestrado na Universidade de Nova York (NYU), onde é bolsista da Stein Fellowship. Também trabalha como editora colaboradora do Literary Hub e ministra aulas nos workshops do Sackett Street Writers e do Catapult Learning. Este é o seu primeiro livro.

Nayomi Munaweera é uma escritora premiada, autora dos romances *Island of a Thousand Mirrors* [Ilha de mil espelhos] e *What Lies Between Us* [O que nos separa]. O portal *The Huffington Post* disse: "A prosa de Munaweera é visceral, inesquecível e incrivelmente bela, que nos lembra dos textos gloriosos de Louise Erdrich, Amy Tan e Alice Walker, que também encontraram maneiras de contar a verdade através da ficção". A revista *The New York Times Book Review* classificou seu primeiro romance de "incandescente". Ela quer que você saiba que o ensaio neste livro foi a coisa mais difícil que ela já escreveu.

Sari Botton é escritora e mora em Kingston, Nova York. Ela é a editora de ensaios do portal digital Longreads, editora da premiada antologia *Goodbye to All That: Writers on Loving and Leaving New York* [Adeus a tudo isso: escritores que amam e deixam Nova York] e autora da antologia *Never Can Say Goodbye: Writers on Their Unshakable Love for New York* [Nunca pude dizer adeus: os escritores e seu inabalável amor por Nova York], que entrou na lista de best-sellers do *New York Times*. Ela também dirige o Kingston Writers' Studio, um espaço de trabalho compartilhado no vale do Hudson.